Nichts ist schöner, als zu lieben und geliebt zu werden – und für dieses unfassliche Glück dann die Zauberworte zu finden, die diese Liebe für immer leuchten lassen.
Wenn in den magischen Momenten der Liebe Herzklopfen der Taktgeber der Poesie ist, können Gedichte entstehen, die einen spüren lassen, was lieben heißt: verwundert-zaghafte Gedichte für das überwältigende Gefühl der allerersten Liebe; jubilierende über ein erwidertes Lächeln; zarte, zärtliche der Sehnsucht; atemberaubende Gedichte von brennender Leidenschaft; betörende Gedichte über Verlockung und Hingabe.
Mit Gedichten von Anna Achmatowa, W.H. Auden, Rose Ausländer, Thomas Brasch, Bertolt Brecht, Raymond Carver, Emily Dickinson, Hilde Domin, Joseph von Eichendorff, Johann Wolfgang Goethe, Ulla Hahn, Heinrich Heine, Ernst Jandl, Mascha Kaléko, Angela Krauß, Else Lasker-Schüler, Friederike Mayröcker, Rainer Maria Rilke, Peter Rühmkorf, Eva Strittmatter, Wisława Szymborska, William Carlos Williams und vielen anderen.

insel taschenbuch 4559
Gedichte zum Verlieben

Gedichte
zum Verlieben

Herausgegeben von Clara Paul

Insel Verlag

Umschlagabbildung: Hans Traxler

Erste Auflage 2017
insel taschenbuch 4559
Originalausgabe

Quellennachweise zu dieser Ausgabe am Schluss des Bandes
Vertrieb durch den Suhrkamp Taschenbuch Verlag
Satz: Satz-Offizin Hümmer GmbH, Waldbüttelbrunn
Druck: CPI – Ebner & Spiegel, Ulm
Printed in Germany
ISBN 978-3-458-36259-3

Inhalt

Erstes Lächeln, unser Lächeln

Dirk von Petersdorff, *Fang auf* 15
Anna Achmatowa, *Mein Lächeln* 16
Rainer Maria Rilke, *Liebesanfang* 17
Ludwig Uhland, *Hans und Grete* 18
Annette von Droste-Hülshoff, *Verliebt* 19
Wisława Szymborska, *Liebe auf den ersten Blick* 20
Alfred Andersch, *Paris, 1. Mai 1977* 22

Es schlug mein Herz

Annette von Droste-Hülshoff, *Verliebt* 25
Heinrich Heine, *Die Nacht im Postwagen* 26
Johann Wolfgang Goethe, *Willkomm und Abschied* 27
Joseph von Eichendorff, *Neue Liebe* 29
Angela Krauß, *Ich muß mein Herz üben!* 30
Hans Leip, *Muschemusch* 31
Ulla Hahn, *Fast* 32
Thomas Brasch, *Ist denn kein Wort in meiner Sprache* 33
Sarah Kirsch, *Besänftigung* 34
Christine Lavant, *Seit heute, aber für immer* 35
Rainer Maria Rilke, *Liebes-Lied* 36

Meine Ruh' ist hin

Mascha Kaléko, *Ich schreib dir einen Liebesbrief* 39
Heinrich Heine, *Im wunderschönen Monat Mai* 41
François Villon, *Eine verliebte Ballade für ein Mädchen namens Yssabeau* 42
Reiner Kunze, *Du weißt zur stunde ihn an fernem ort* 44
Ulla Hahn, *Nie mehr* 45
Paula Ludwig, *Liebeswunsch* 46
Johann Wolfgang Goethe, *Meine Ruh' ist hin* 47

Meine Lippen schenk ich dir

Heinrich Heine, *Ich halte ihr die Augen zu* 51
Lioba Happel, *sie wird aufstehen* 52
Leigh Hunt, *Jenny hat mich heut' geküßt* 53
Heinrich Heine, *Die Welt ist dumm* 54
Kurt Schwitters, *Schnuppe* 55
Christian Morgenstern, *Hier im Wald mit dir zu liegen* 56
Max Dauthendey, *Die Herzensfrau* 57
Lily Brett, *Wenn wir bleiben könnten* 58
Friedrich Schiller, *Nicht ihres Lächelns holder Zauber wars* 60
H. C. Artmann, *wie der saft einer sehr süßen frucht* 61
Selma Meerbaum-Eisinger, *Schlaflied für dich* 62
Theodor Storm, *Abends* 63
Heinrich Heine, *Hast du die Lippen mir wund geküßt* 64

Komm, mein Geliebter

Anne Sexton, *Aus dem Garten* 67
William Carlos Williams, *Liebeslied* 68
Rafael Alberti, *Aufforderung* 69
Paul Celan, *Komm* 70
William Carlos Williams, *Sanfte Entgegnung* 71
Pablo Neruda, *Deine Füße* 72
Eva Strittmatter, *Mondrose* 73
Anonym, *Im Bad* 74

Heimlich zur Nacht

Emily Dickinson, *Wilde Nächte* 77
Hermann Hesse, *Weil ich dich liebe* 78
Else Lasker-Schüler, *Ein Liebeslied* 79
Eva Strittmatter, *Atem* 80
Hilde Domin, *Zärtliche Nacht* 81
Eva Strittmatter, *Große Nächte* 82
Valžyna Mort, *dein körper* 83
Else Lasker-Schüler, *Heimlich zur Nacht* 84
Klabund, *Die Luft ist voll von deinem Duft* 85
Ricarda Huch, *Wo hast du all die Schönheit hergenommen* 86
Else Lasker-Schüler, *Von weit* 87
Anonym, *Kumm du um Middernacht* 88

Bittersüßes, entmachtendes Ungetier

Sappho, *Eros löst meine Glieder* 91
Eduard Mörike, *Erstes Liebeslied eines Mädchens* 92

Thomas Brasch, *Liebeslied* 93
Hans-Ulrich Treichel, *Stummes Liebeslied* 94
Hilde Domin, *Mein Geschlecht zittert* 95
Ulla Hahn, *Anständiges Sonett* 96
Peter Rühmkorf, *Wollte nur mal fragen* 97
Heinrich Heine, *Himmlisch wars, wenn ich bezwang* 98
Friedrich von Logau, *Die gute Diät* 99
Kate Tempest, *Scheiß auf das Gedicht* 100
Durs Grünbein, *Unverschämtheit* 101
Sarah Kirsch, *Ruf- und Fluchformel* 102

Als ich nachher von dir ging

Bertolt Brecht, *Als ich nachher von dir ging* 105
Steinmar, *Bettspiel im Heu* 106
Eduard Mörike, *Begegnung* 107
Friederike Mayröcker, *mein Auge geht auf eine stille Reise* 108
Ernst Jandl, *liegen, bei dir* 109
Ulla Hahn, *So* 110
Idea Vilariño, *Weißt du* 111
William Carlos Williams, *Nur damit du Bescheid weißt* 112

Wir träumten voneinander

Rainer Malkowski, *Traumkorrespondenz* 115
Rainer Maria Rilke, *Das war der Tag* 116
Ono No Komachi, *Als ich an ihn dachte* 117
Friedrich Hebbel, *Ich und Du* 118
Heinrich Heine, *Ich hab im Traum geweinet* 119

Kurt Tucholsky, *Sie schläft* 120
Wolf Biermann, *Einschlaf- und Aufwachelied* 121

Denn ich liebe dich durch dünn und dick

Elizabeth Barret-Browning, *Wie ich dich liebe?* 125
Rose Ausländer, *Wort an Wort* 126
Bertolt Brecht, *Morgens und abends zu lesen* 127
Joachim Ringelnatz, *Ich habe dich so lieb* 128
Wisława Szymborska, *Glückliche Liebe* 129
Mascha Kaléko, *Ich und Du* 131
Else Lasker-Schüler, *Ein alter Tibetteppich* 132
Joachim Ringelnatz, *Privat-Telegramm* 133
Mascha Kaléko, *Quasi ein Mahnbrief* 134
Friederike Mayröcker, *wie ich dich nenne wenn ich an dich denke und du nicht da bist:* 136
Helga M. Novak, *seitdem du da bist* 138
Mascha Kaléko, *Zärtliche Epistel* 139
Rainer Maria Rilke, *Die Liebenden* 141
Bertolt Brecht, *Ich will mit dem gehen, den ich liebe* 142

Was es ist

Erich Fried, *Was es ist* 145
Matthias Claudius, *Die Liebe* 146
Theodor Storm, *Ich bin mir meiner Seele* 147
Gotthold Ephraim Lessing, *Lied aus dem Spanischen* 148
Johann Wolfgang Goethe, *Freudvoll und leidvoll* 149
Bertolt Brecht, *Terzinen über die Liebe* 150
Ulla Hahn, *Irrtum* 152

Hans Magnus Enzensberger, *Unpolitische Vorlieben* 153
Mascha Kaléko, *Sonett in Dur* 154

Mache deine Sache gut

Peter Handke, *Mag sein* 157
Christine Busta, *Vom Altern* 158
Hilde Domin, *Spätsommer* 159
Wilhelm Busch, *Wenn ich dereinst* 160
Robert Gernhardt, *Zwei Tische weiter* 161
Joachim Ringelnatz, *Ich habe gebangt um dich* 162
Reiner Kunze, *Bittgedanke, dir zu Füßen* 163
Michael Krüger, *Das elfte Gebot* 164
W. H. Auden, *Haltet die Uhren an, durchschneidet die Kabel der Telefone* 165
Joachim Ringelnatz, *An M.* 166
Raymond Carver, *Spätes Fragment* 167

Quellennachweise 169
Alphabetisches Verzeichnis der Gedichtanfänge und Überschriften 181

Erstes Lächeln, unser Lächeln

Dirk von Petersdorff

Fang auf

Unter dem Nieselgrau, dem Kapuzenpullover
und unter der feuchten Stirn
wirft ihr Lächeln ein Seil dir zu.

Anna Achmatowa

Mein Lächeln

Mein Lächeln ist das, was ich hab:
eine Zuckung der Lippen zart,
einzig für dich bewahrt,
weil es die Liebe gab.

Auch wenn du ein frecher Filou,
auch wenn du andre gewollt:
Mit samtigem Blick stehst du
vor mir am Altar von Gold.

Rainer Maria Rilke

Liebesanfang

O Lächeln, erstes Lächeln, unser Lächeln.
Wie war das Eines: Duft der Linden atmen,
Parkstille hören –, plötzlich in einander
aufschaun und staunen bis heran ans Lächeln.

In diesem Lächeln war Erinnerung
an einen Hasen, der da eben drüben
im Rasen spielte; dieses war die Kindheit
des Lächelns. Ernster schon war ihm des Schwanes
Bewegung eingegeben, den wir später
den Weiher teilen sahen in zwei Hälften
lautlosen Abends. – Und der Wipfel Ränder
gegen den reinen, freien, ganz schon künftig
nächtigen Himmel hatten diesem Lächeln
Ränder gezogen gegen die entzückte
Zukunft im Antlitz.

Ludwig Uhland

Hans und Grete

Sie

Guckst du mir denn immer nach,
Wo du nur mich findest?
Nimm die Äuglein doch in acht!
Daß du nicht erblindest.

Er

Gucktest du nicht stets herum,
Würdest mich nicht sehen;
Nimm dein Hälschen doch in acht!
Wirst es noch verdrehen.

Annette von Droste-Hülshoff

Verliebt

Schilt mich nicht, du strenger Meister,
Daß im Diwan ich geträumet
Und bei des Muezzins Rufen,
Ach, nach Mittag stand gewendet.
Wisse, als ich kam vom Bade,
Als ich heimging aus den Gärten,
Schlüpfte Zillah mir vorüber,
Und den Schleier hob sie schalkhaft.

Wisława Szymborska

Liebe auf den ersten Blick

Beide sind überzeugt,
sie habe ein plötzliches Gefühl vereint.
Schön ist diese Gewißheit,
durch Ungewißheit schöner.

Sie meinen, weil sie sich früher nicht kannten,
sei zwischen ihnen nie etwas geschehn.
Was sagen die Straßen dazu, die Treppen, Korridore,
wo sie aneinander seit langem hätten vorbeigehen können?

Gern würde ich sie fragen,
ob sie sich erinnern –
in der Drehtür vielleicht irgendwann
Aug in Aug?
Ein »Pardon« im Gedränge?
Die Stimme im Hörer »Falsch verbunden«?
– doch ich kenne die Antwort.
Nein, sie erinnern sich nicht.

Es würde sie wundern zu hören,
der Zufall habe schon länger
mit ihnen gespielt.

Noch nicht bereit,
ihnen Schicksal zu werden,
stellte er sie mal näher, mal ferner,
versperrte den Weg,
sprang zur Seite,
verstohlen kichernd.

Es gab Zeichen, Signale,
zwar unleserliche, na und?
Flog vor drei Jahren vielleicht
oder am letzten Dienstag
ein gewisses Blatt
von Schulter zu Schulter?
Es gab Verlorenes und Aufgehobenes
Ob's nicht schon ein Ball war
im Gebüsch der Kindheit?

Es gab Klinken und Klingeln,
wo sich früher schon
Berührung auf Berührung legte,
Koffer nebeneinander verwahrt.
Vielleicht gab's den gleichen Traum
in ein und derselben Nacht,
gelöscht sofort nach dem Erwachen.

Denn jeder Anfang
ist Fortsetzung nur,
und das Buch der Ereignisse
ist aufgeschlagen in der Mitte.

Alfred Andersch

Paris, 1. Mai 1977

sich an den händen fassen
die augen zumachen
und losrennen

daran
daß euch dieser wunsch überfällt
erkennt ihr
die ankunft der liebe

dann
dürft ihr nicht zögern

faßt euch an den händen
macht die augen zu
rennt los

Es schlug mein Herz

Annette von Droste-Hülshoff
Verliebt

Mutter, löse die Spangen mir!
Mich hat ein Fieber befallen.
Denn das Fenster ließest du auf,
Das immer sorglich verhängte;
Und im Garten ich Mädchen sah,
Die warfen Ringe im Kreise,
Flatternd selber, ein Blütenschnee,
Vom leichten Winde getragen.
Immer flöten nun Stimmen mir,
Und immer Spiegel mir flirren;
Blind geworden bin ich schon ganz,
Taub werd' ich nächstens werden.
Mutter, löse die Spangen mir!
Mich hat ein Fieber befallen.

Heinrich Heine

Die Nacht im Postwagen

Wir fuhren allein im dunkeln
Postwagen die ganze Nacht;
Wir ruhten einander am Herzen,
Wir haben gescherzt und gelacht.

Doch als es morgens tagte,
Mein Kind, wie staunten wir!
Denn zwischen uns saß Amor,
Der blinde Passagier.

Johann Wolfgang Goethe

Willkomm und Abschied

Es schlug mein Herz, geschwind zu Pferde!
Es war getan fast eh' gedacht;
Der Abend wiegte schon die Erde,
Und an den Bergen hing die Nacht:
Schon stand im Nebelkleid die Eiche,
Ein aufgetürmter Riese, da,
Wo Finsternis aus dem Gesträuche
Mit hundert schwarzen Augen sah.

Der Mond von einem Wolkenhügel
Sah kläglich aus dem Duft hervor,
Die Winde schwangen leise Flügel,
Umsaus'ten schauerlich mein Ohr;
Die Nacht schuf tausend Ungeheuer;
Doch frisch und fröhlich war mein Mut:
In meinen Adern welches Feuer!
In meinem Herzen welche Glut!

Dich sah ich, und die milde Freude
Floß von dem süßen Blick auf mich;
Ganz war mein Herz an deiner Seite,
Und jeder Atemzug für dich.
Ein rosenfarbnes Frühlingswetter
Umgab das liebliche Gesicht,
Und Zärtlichkeit für mich – Ihr Götter!
Ich hofft' es, ich verdient' es nicht!

Doch ach! schon mit der Morgensonne
Verengt der Abschied mir das Herz:
In deinen Küssen, welche Wonne!
In deinem Auge, welcher Schmerz!
Ich ging, du standst und sahst zur Erden,
Und sahst mir nach mit nassem Blick:
Und doch, welch Glück geliebt zu werden!
Und lieben, Götter, welch ein Glück!

Joseph von Eichendorff

Neue Liebe

Herz, mein Herz, warum so fröhlich,
So voll Unruh und zerstreut,
Als käm' über Berge selig
Schon die schöne Frühlingszeit?

Weil ein liebes Mädchen wieder
Herzlich an dein Herz sich drückt,
Schaust du fröhlich auf und nieder,
Erd' und Himmel dich erquickt.

Und ich hab' die Fenster offen,
Neu zieh in die Welt hinein
Altes Bangen, altes Hoffen!
Frühling, Frühling soll es sein!

Still kann ich hier nicht mehr bleiben,
Durch die Brust ein Singen irrt,
Doch zu licht ist's mir zum Schreiben,
Und ich bin so froh verwirrt.

Also schlendr' ich durch die Gassen,
Menschen gehen her und hin,
Weiß nicht, was ich tu und lasse,
Nur, daß ich so glücklich bin.

Angela Krauß

Ich muß mein Herz üben!

Ich muß mein Herz üben!
Alles entspringt allem und jedem
und rottet sich zusammen
in Lust und Laune, Welle und Teilchen
und ich steh in der Gegend:
plump, betrübt, hilflos, verliebt.

Hans Leip

Muschemusch

Es sprach die Sonne
Muschemusch.
Da lagen wir im Sand.
Die Wellen sprachen
Muschemusch
und küßten dir die Hand.

Da sprach der Südwind
Muschemusch
und langte in dein Haar.
Ein Dampfer brummte
Muschemusch
und fuhr nach Zanzibar.

Die großen Dampfer,
Muschemusch,
und was es alles gibt,
das summt und säuselt
Muschemusch
und ist in dich verliebt.
Muschemusch!

Ulla Hahn

Fast

Abend im März. Glückselige Musik
von Amseln und alten Meistern.
Er rief an. Ich hätte ihm fast
die verbotenen Drei Wörter gesagt.

Thomas Brasch

Ist denn kein Wort in meiner Sprache

Ist denn kein Wort in meiner Sprache,
das sie in Rausch versetzt wie Wein
und ihren Willen gänzlich taumeln läßt
und ganz verschwinden dann, das
sie in meine Arme sinken läßt betrunken.
Gib mir das Wort, das ich wie Medizin
ins Ohr ihr träufle gegen ihre Krankheit.
Vernunft heißt diese Krankheit, gib mir
das Mittel. Wie heißt das Zauberwort?

Sarah Kirsch

Besänftigung

Aus seinen steinblauen Augen
Stürzen Schmetterlinge den lieben
Langen Sonntag den Gott werden läßt.
Seit ich ihn kenne halte ich Gott für
Nicht völlig undenkbar. Wenigstens keinen
Aus Gold- oder Seidenpapier
Noch springt meine Seele
Auf Fingerkuppen.

Christine Lavant

Seit heute, aber für immer

Seit heute, aber für immer,
weiß ich: Die Erde ist wirklich warm –;
ich gebe der Nessel den Brand zurück
und dem Igel die Stacheln.

Seit heute ist alles mein Schutzpatron
und die ganze Welt eine Weidenwiege,
darin uns der Windstoß zusammenschaukelt
und unsren Atem verknotet.

Rainer Maria Rilke

Liebes-Lied

Wie soll ich meine Seele halten, daß
sie nicht an deine rührt? Wie soll ich sie
hinheben über dich zu andern Dingen?
Ach gerne möcht ich sie bei irgendwas
Verlorenem im Dunkel unterbringen
an einer fremden stillen Stelle, die
nicht weiterschwingt, wenn deine Tiefen schwingen.
Doch alles, was uns anrührt, dich und mich,
nimmt uns zusammen wie ein Bogenstrich,
der aus zwei Saiten eine Stimme zieht.
Auf welches Instrument sind wir gespannt?
Und welcher Geiger hat uns in der Hand?
O süßes Lied.

Meine Ruh' ist hin

Mascha Kaléko

Ich schreib dir einen Liebesbrief

Du gefällst mir so gut,
Doch ich hab nicht den Mut,
Dir das leiseste Wörtchen zu sagen.
Ich werd schüchtern und rot
Und ich stottre mich tot,
Darum muss ich's per Post einmal wagen:

Ich schreib dir einen Liebesbrief seit heute früh um acht,
Ich hab die ganze Nacht
An nichts als dich gedacht.
Ich schrieb dir gern drei Worte nur:
»Ich lieb dich« – kurz und schlicht,
Doch leider, leider, traue ich mich nicht!
Drum schreib ich dir von Dingen und von Leuten,
Die mir im Grunde keinen Deut bedeuten.
Was immer auch geschrieben steht auf diesem Stück
Papier –
Es heißt nur eins: Ich sehne mich nach dir!

Ich war häßlich zu dir,
Du warst gräßlich zu mir,
Doch da hilft nun kein Jammern und Stöhnen,
Überall gibt's mal Krach,
Doch der Klügere gibt nach,
Und wir wollen uns doch wieder versöhnen.

Ich schreib dir einen Liebesbrief seit heute früh um acht,
Ich hab die ganze Nacht

An nichts als dich gedacht.
Ich schrieb dir gern drei Worte nur:
»Ich lieb dich« – kurz und schlicht,
Doch leider, leider, traue ich mich nicht!
Drum schreib ich dir von Dingen und Leuten,
Die mir im Grunde keinen Deut bedeuten.
Was immer auch geschrieben steht auf diesem Stück
Papier –
Es heißt nur eins: Ich sehne mich nach dir!

Heinrich Heine

Im wunderschönen Monat Mai

Im wunderschönen Monat Mai,
Als alle Knospen sprangen,
Da ist in meinem Herzen
Die Liebe aufgegangen.

Im wunderschönen Monat Mai,
Als alle Vögel sangen,
Da hab ich ihr gestanden
Mein Sehnen und Verlangen.

François Villon

Eine verliebte Ballade für ein Mädchen namens Yssabeau

Ich bin so wild nach deinem Erdbeermund,
ich schrie mir schon die Lungen wund
nach deinem weißen Leib, du Weib.
Im Klee, da hat der Mai ein Bett gemacht,
da blüht ein schöner Zeitvertreib
mit deinem Leib die lange Nacht.
Da will ich sein im tiefen Tal
dein Nachtgebet und auch dein Sterngemahl.

Im tiefen Erdbeertal, im schwarzen Haar,
da schlief ich manches Sommerjahr
bei dir und schlief doch nie zuviel.
Ich habe jetzt ein rotes Tier im Blut,
das macht mir wieder frohen Mut.
Komm her, ich weiß ein schönes Spiel
im dunklen Tal, im Muschelgrund …
Ich bin so wild nach deinem Erdbeermund!

Die graue Welt macht keine Freude mehr,
ich gab den schönsten Sommer her,
und dir hats auch kein Glück gebracht;
hast nur den roten Mund noch aufgespart,
für mich so tief im Haar verwahrt …
Ich such ihn schon die lange Nacht
im Wintertal, im Aschengrund …
Ich bin so wild nach deinem Erdbeermund!

Im Wintertal, im schwarzen Erdbeerkraut,
da hat der Schnee sein Nest gebaut
und fragt nicht, wo die Liebe sei.
Und habe doch das rote Tier so tief
erfahren, als ich bei dir schlief.
Wär nur der Winter erst vorbei
und wieder grün der Wiesengrund!
... ich bin so wild nach deinem Erdbeermund!

Reiner Kunze

Du weißt zur stunde ihn an fernem ort

Du weißt zur stunde ihn an fernem ort
Mit dem verstand begreifst du seine ferne
Du weißt, es liegen zwischen ihm und dir
ein himmel sonne und ein himmel sterne
Und doch trittst du ans fenster immerfort

Ulla Hahn

Nie mehr

Das hab ich nie mehr gewollt
um das Telefon streichen am Fenster stehn
keinen Schritt aus dem Haus gehn Gespenster sehn
Das hab ich nie mehr gewollt

Das hab ich nie mehr gewollt
Briefe die triefen schreiben zerreißen
mich linksseitig quälen bis zu den Nägeln
Das hab ich nie mehr gewollt

Das hab ich nie mehr gewollt
Soll dich der Teufel holen
Herbringen. Schnell.
Mehr hab ich das nie gewollt.

Paula Ludwig

Liebeswunsch

Ich hüte deinen Herzschlag
und läge gern immer nah
mit dem Gesicht an deinem Haupthaar.

Wollte, es würde nie mehr Tag,
und meine Sinne hingen,
ein inniges Netz,
über deinen Schlaf,
daß Lärm und Licht nicht zu dir drängen.

O wie viel Sanftes
tät ich dir an
und mischte dir den Traum
weise
mit wirklichen Dingen.

Johann Wolfgang Goethe

Meine Ruh' ist hin

Meine Ruh' ist hin,
Mein Herz ist schwer;
Ich finde sie nimmer
Und nimmermehr.

Wo ich ihn nicht hab',
Ist mir das Grab,
Die ganze Welt
Ist mir vergällt.

Mein armer Kopf
Ist mir verrückt,
Mein armer Sinn
Ist mir zerstückt.

Meine Ruh' ist hin,
Mein Herz ist schwer;
Ich finde sie nimmer
Und nimmermehr.

Nach ihm nur schau' ich
Zum Fenster hinaus,
Nach ihm nur geh' ich
Aus dem Haus.

Sein hoher Gang,
Sein' edle Gestalt,
Seines Mundes Lächeln,
Seiner Augen Gewalt,

Und seiner Rede
Zauberfluß,
Sein Händedruck,
Und ach! sein Kuß!

Meine Ruh' ist hin,
Mein Herz ist schwer;
Ich finde sie nimmer
Und nimmermehr.

Mein Busen drängt
Sich nach ihm hin.
Ach dürft' ich fassen
Und halten ihn!

Und küssen ihn,
So wie ich wollt',
An seinen Küssen
Vergehen sollt'!

Meine Lippen schenk ich dir

Heinrich Heine

Ich halte ihr die Augen zu

Ich halte ihr die Augen zu
Und küß sie auf den Mund;
Nun läßt sie mich nicht mehr in Ruh,
Sie fragt mich um den Grund.

Von Abend spät bis Morgens früh,
Sie fragt zu jeder Stund:
Was hältst du mir die Augen zu,
Wenn du mir küßt den Mund?

Ich sag ihr nicht, weshalb ichs tu,
Weiß selber nicht den Grund –
Ich halte ihr die Augen zu
Und küß sie auf den Mund.

Lioba Happel

sie wird aufstehen

sie wird aufstehen
sie wird ein wenig wanken

sie wird das überraschende beginnen

weil ein instinkt sie zwingt
ihren mund auf seinen mund zu tun

verrückt auf der suche
nach etwas das sie vergessen hat

sie wird ihn küssen

Leigh Hunt

Jenny hat mich heut' geküßt

Jenny küßte mich, als ich sie traf!
Sprang vom Stuhl, da sie gesessen –
Zeit, du Dieb,
Dem Süßes lieb,
Schreib es, unvergessen:

Sag, ich sei traurig, sag, ich sei müd.
Sag, daß ich Gut und Gesundheit vermißt.
Sag, daß ich altere, daß ich verblüht –
Doch sage, daß Jenny mich heute geküßt!

Heinrich Heine

Die Welt ist dumm

Die Welt ist dumm, die Welt ist blind,
Wird täglich abgeschmackter!
Sie spricht von dir, mein schönes Kind,
Du hast keinen guten Charakter.

Die Welt ist dumm, die Welt ist blind,
Und dich wird sie immer verkennen;
Sie weiß nicht, wie süß deine Küsse sind,
Und wie sie beseligend brennen.

Kurt Schwitters

Schnuppe

Meine süße Puppe
Mir ist alles schnuppe
Wenn ich meine Schnauze
Auf die Deine bautze.

Christian Morgenstern

Hier im Wald mit dir zu liegen

Hier im Wald mit dir zu liegen,
moosgebettet, windumatmet,
in das Flüstern, in das Rauschen
leise liebe Worte mischend,
öfter aber noch dem Schweigen
lange Küsse zugesellend,
unerschöpflich – unersättlich,
hingegebne, hingenommne,
ineinander aufgelöste,
zeitvergeßne, weltvergeßne.
Hier im Wald mit dir zu liegen,
moosgebettet, windumatmet …

Max Dauthendey

Die Herzensfrau

Der Mittag liegt mit mir im Gras,
Die Wolken ziehn tiefblaue Straß,
Die Welt ist grün und weiß und blau,
Zu mir setzt sich die Herzensfrau.
»Rot«, spricht sie, »ist die ganze Welt,
Wenn man zum Kuß den Mund hinhält.«

Lily Brett

Wenn wir bleiben könnten

Wenn wir bleiben könnten
in diesem Kuß

wenn wir bleiben könnten
so wie jetzt

Lippen
an
Lippen

und ein durchsichtiger
Strom
unsere Köpfe umgibt

unsichtbare
Abdrücke
uns einfärben

wenn wir bleiben könnten
so wie jetzt

würden wir

allen Krankheiten
allem Leiden

aller Traurigkeit
allen Gefahren entgehen

würden
Unheil
und Tragödien

ihre Richtung
ändern

wenn wir bleiben könnten
in diesem Kuß?

Friedrich Schiller

Nicht ihres Lächelns holder Zauber wars

Nicht ihres Lächelns holder Zauber wars,
Die Reize nicht, die auf der Wange schweben,
Selbst nicht der Glanz der göttlichen Gestalt –
Es war ihr tiefstes und geheimstes Leben
Was mich ergriff mit heiliger Gewalt;
Wie Zaubers Kräfte unbegreiflich weben –
Die Seelen schienen ohne Worteslaut
Sich ohne Mittel geistig zu berühren,
Als sich mein Atem mischte mit dem ihren,
Fremd war sie mir und innig doch vertraut,
Und klar auf einmal fühlt' ich's in mir werden,
Die ist es oder keine sonst auf Erden!

H. C. Artmann

wie der saft einer sehr süßen frucht

wie der saft einer sehr süßen frucht
von dem man lange im traum trinkt ..
wie der schatten eines jungen tieres,
das leise um eine quelle herumgeht ..
wie ein sehr schöner, belaubter baum,
den die erste zärtlichkeit der nacht
heimsucht mit singenden grillen und tau ..
wie mein eigener finger, geliebtes,
der ganz leicht deine lippen berührt ..

Selma Meerbaum-Eisinger

Schlaflied für dich

Komm zu mir, dann wieg' ich dich,
wiege dich zur Ruh'.
Komm zu mir und weine nicht,
mach die Augen zu.

Ich flechte dir aus meinem Haar
eine Wiege, sieh!
Schläfst drin aller Schmerzen bar,
träumst drin ohne Müh'.

Meine Augen sollen dir
blinkend Spielzeug sein.
Meine Lippen schenk' ich dir –
trink dich in sie ein.

Theodor Storm

Abends

Warum duften die Levkojen so viel schöner bei der Nacht?
Warum brennen deine Lippen so viel röter bei der Nacht?
Warum ist in meinem Herzen so die Sehnsucht auferwacht,
Diese brennend roten Lippen dir zu küssen bei der Nacht?

Heinrich Heine

Hast du die Lippen mir wund geküßt

Hast du die Lippen mir wund geküßt,
So küsse sie wieder heil,
Und wenn du bis Abend nicht fertig bist,
So hat es auch keine Eil.

Du hast ja noch die ganze Nacht,
Du Herzallerliebste mein!
Man kann in solch einer ganzen Nacht
Viel küssen und selig sein.

Komm, mein Geliebter

Anne Sexton

Aus dem Garten

Komm, mein Geliebter,
schaue die Lilien.
Wir sind kleingläubig.
Wir reden zuviel.
Leg deinen Mund voll Worte weg
und komm mit mir den Lilien
zuschauen, die aufgehen auf solch einem Feld,
dort wachsen wie Jachten,
langsam ihre Blütenblätter steuern
ohne Krankenschwestern oder Uhren.
Laß uns die Aussicht betrachten:
ein Haus, wo weise Wolken
die schmutzigen Flure schmücken.
Ach, leg deine guten Worte
und deine bösen Worte weg. Spuck
deine Worte aus wie Steine!
Komm her! Komm her!
Komm meine hübschen Früchte essen.

William Carlos Williams

Liebeslied

Feg das Haus rein,
häng Vorhänge
vor die Fenster,
zieh ein neues Kleid an
und komm mit mir!
Die Ulme verstreut
ihre kleinen Laibe
süßen Wohlgeruchs –
aus einem weißen Himmel!

Wer in der nächsten Stunde
wird uns hören?
Soll er sagen
eine Wolke Duft
barst von den schwarzen Zweigen.

1917

Rafael Alberti

Aufforderung

Im Erlenschatten, Liebste,
im Erlenschatten, nicht.

Unter der Pappel, ja,
dem Weiß und Grün der Pappel.

Weißes Blatt du,
grünes Blatt ich.

Paul Celan

Komm

Komm, leg die Welt aus mit dir,
komm, laß mich euch zuschütten mit
allem Meinen,

Eins mit dir bin ich,
uns zu erbeuten,

auch jetzt.

William Carlos Williams

Sanfte Entgegnung

Um diese Jahreszeit möchte ich
meine Arbeit hinwerfen und es
den alten Männern gleichtun –
– damals am Kai von Villefranche
sah ich sie Seeschnecken fischen
mit einem gespaltenen Stecken
im seichten Wasser –

Ich weiß
was andres, sagte sie,
was du fangen könntest,
genauso leicht im Frühling,
wenn du nur wolltest. Aber
du willst eben nicht, oder?

1950

Pablo Neruda

Deine Füße

Wenn ich dein Gesicht nicht betrachten kann,
so betrachte ich deine Füße.

Deine Füße aus gewölbtem Knochen,
deine kleinen, festen Füße.

Ich weiß, dass sie dich tragen,
und dass dein liebliches Gewicht
auf ihnen sich erhebt.

Deine Taille und deine Brüste,
der zwiefache Purpur
deiner Kuppen
der Taubenschlag deiner Augen,
die eben noch flogen,
dein breiter Fruchtmund,
deine rote Mähne,
mein kleiner Turm du.

Aber ich liebe deine Füße
nur deshalb, deshalb allein,
weil sie über die Erde gewandert sind,
über das Wasser, den Wind,
bis sie zu mir gefunden.

Eva Strittmatter

Mondrose

Komm in mein Zimmer, wenn Mondlicht ist.
Es hat sieben Fenster mit Seidengardinen.
Die werden vom vollen Mondeslicht
Wie Rosenblätter durchschienen.

Das bin ich sicher: du hast noch nicht
In einer Rose gelegen.
Wir lassen uns vom Mondeslicht
Im Innern der Rose bewegen.

Anonym

Im Bad

O mein Liebster
Ich tauche so gern in das Wasser,
bade so gern vor deinen Augen,
um dir meine Schönheit zu zeigen
unter dem Kleide aus Linnen,
aus feinstem königlichen Linnen,
wenn es naß und bespritzt ist.
Mit dir gleite ich in das Wasser;
zu dir steige ich aus dem Wasser,
einen roten Fisch in den Fingern,
glitzernd in meinen Fingern …
Ach, komm doch. Sieh mich an.

Unbekannte ägyptische Dichterin

Heimlich zur Nacht

Emily Dickinson

Wilde Nächte

Wilde Nächte – Wilde Nächte!
Wär ich bei dir
Wilde Nächte würden
Uns Elixier!

Was will – der Wind noch –
Das Herz liegt im Hafen –
Fort mit dem Kompaß –
Fort mit den Karten!

Landen in Eden –
Ach, das Meer!
Dürft ich doch ankern – Heute Nacht –
In Dir!

Hermann Hesse

Weil ich dich liebe

Weil ich dich liebe, bin ich des Nachts
So wild und flüsternd zu dir gekommen,
Und daß du mich nimmer vergessen kannst,
Hab ich deine Seele mit mir genommen.

Sie ist nun bei mir und gehört mir ganz
Im Guten und auch im Bösen;
Von meiner wilden, brennenden Liebe
Kann dich kein Engel erlösen.

Else Lasker-Schüler

Ein Liebeslied

Komm zu mir in der Nacht – wir schlafen engverschlungen.
Müde bin ich sehr, vom Wachen einsam.
Ein fremder Vogel hat in dunkler Frühe schon gesungen,
Als noch mein Traum mit sich und mir gerungen.

Es öffnen Blumen sich vor allen Quellen
Und färben sich mit deiner Augen Immortellen .....

Komm zu mir in der Nacht auf Siebensternenschuhen
Und Liebe eingehüllt spät in mein Zelt.
Es steigen Monde aus verstaubten Himmelstruhen.

Wir wollen wie zwei seltene Tiere liebesruhen
Im hohen Rohre hinter dieser Welt.

Eva Strittmatter

Atem

Wieder einmal ist Juni geworden.
Wieder noch einmal solch eine Nacht.
Halbhelle Nacht im halbhohen Norden.
Wieder noch einmal zur Liebe erwacht.

Wieder noch einmal das sichere Wissen:
Es gibt keine höhere Weisheit als Glück.
In einem Atem zur Lust hingerissen.
Das Leben bäumt auf. Der Tod fällt zurück.

Gesegneter Juni mit seinen Jasminen,
Holundern, Rosen und all ihrem Duft.
Wie winterlich alt wir uns eben noch schienen.
Und nun diese Juninacht! Lenzjunge Luft.

Hilde Domin

Zärtliche Nacht

Es kommt die Nacht,
da liebst du

nicht was schön –
was häßlich ist.

Nicht was steigt –
was schon fallen muß.

Nicht wo du helfen kannst –
wo du hilflos bist.

Es ist eine zärtliche Nacht,
die Nacht da du liebst,

was Liebe
nicht retten kann.

Eva Strittmatter

Große Nächte

Die gelben Lilien und die lilanen Lupinen,
Kastanien blühn und Fliederbaum.
Spät blühn Holunder und Robinen
Und drängen weiß in unsern Traum.
Im Juni, in den großen Nächten,
Macht manches Mal ihr Duft uns wach.
Was wir an Süße da genießen,
Geht uns noch im Dezember nach.

Valžyna Mort

dein körper

dein körper ist so weiß
daß ich liege auf ihm wie auf schnee
jede nacht ist bei uns – winter

Else Lasker-Schüler

Heimlich zur Nacht

Ich habe dich gewählt
Unter allen Sternen.

Und bin wach – eine lauschende Blume
Im summenden Laub.

Unsere Lippen wollen Honig bereiten
Unsere schimmernden Nächte sind aufgeblüht.

An dem seligen Glanz deines Leibes
Zündet mein Herz seine Himmel an –

Alle meine Träume hängen an deinem Golde
Ich habe dich gewählt unter allen Sternen.

Klabund

Die Luft ist voll von deinem Duft

Die Luft ist voll von deinem Duft,
O süßer Leib du von Jasmin!
Die Uhr schlägt drei. Am Horizont
Die ersten rosa Wolken ziehn.

Die ersten rosa Wolken ziehn
Am Horizont. Die Uhr schlägt drei.
O süßer Leib du von Jasmin,
Die Luft ist voll von deinem Duft!

Ricarda Huch

Wo hast du all die Schönheit hergenommen

Wo hast du all die Schönheit hergenommen,
Du Liebesangesicht, du Wohlgestalt!
Um dich ist alle Welt zu kurz gekommen.
Weil du die Jugend hast, wird alles alt,
Weil du das Leben hast, muß alles sterben,
Weil du die Kraft hast, ist die Welt kein Hort,
Weil du vollkommen bist, ist sie ein Scherben,
Weil du der Himmel bist, gibts keinen dort!

Else Lasker-Schüler

Von weit

Dein Herz ist wie die Nacht so hell,
Ich kann es sehn
– Du denkst an mich – es bleiben alle Sterne stehn.

Und wie der Mond von Gold dein Leib
Dahin so schnell
Von weit er scheint.

Anonym

Kumm du um Middernacht

Dat du min Leevsten büst,
dat du wol weest.
Kumm bi de Nacht,
kumm bi de Nacht,
segg, wo du heest.

Kumm du um Middernacht,
kumm du Klock een!
Vadder slöpt,
Moder slöpt,
ick slap alleen.

Klopp an de Kammerdör,
fat an de Klink!
Vadder meent,
Moder meent,
dat deit de Wind.

Niederdeutsches Mädchenlied

Bittersüßes, entmachtendes Ungetier

Sappho

Eros löst meine Glieder

Eros löst meine Glieder und stört mich auf,
bittersüßes, entmachtendes Ungetier.

Eduard Mörike

Erstes Liebeslied eines Mädchens

Was im Netze? Schau einmal!
Aber ich bin bange;
Greif ich einen süßen Aal?
Greif ich eine Schlange?

Lieb ist blinde
Fischerin;
Sagt dem Kinde,
Wo greift's hin?

Schon schnellt mir's in Händen!
Ach Jammer! o Lust!
Mit Schmiegen und Wenden
Mir schlüpft's an die Brust.

Es beißt sich, o Wunder!
Mir keck durch die Haut,
Schießt's Herze hinunter!
O Liebe, mir graut!

Was tun, was beginnen?
Das schaurige Ding,
Es schnalzet da drinnen,
Es legt sich im Ring.

Gift muß ich haben!
Hier schleicht es herum,
Tut wonniglich graben
Und bringt mich noch um!

Thomas Brasch

Liebeslied

O, wie ist das schön,
so mit Seufz und Stöhn,
so die Beine breit,
wird der Himmel weit.
Was man alles kann,
ist der Mann ein Mann.

Geh ich auf die Knie
frag nicht wer noch wie
frag nicht Zeit noch Sinn
leg mich einfach hin
so mit Zart und Rauh
fühl ich mich als Frau.

Schließ die Augen zu
sag nicht ICH nicht DU
weiß nicht, wer wir sind
wird zum Sturm der Wind
wird die Lust zur Gier
und das Mensch endlich zum Tier.

Hans-Ulrich Treichel

Stummes Liebeslied

Laß uns wie die Tiere sein
Strecken wir die Glieder
Reimen wir mit Hand und Fuß
Unsre schönsten Lieder

Reimen uns bis auf die Zehen
Auch wenn – du weißt warum
Wir nur einen Vers verstehen:
Komm, wir tun es stumm

Hilde Domin

Mein Geschlecht zittert

Mein Geschlecht zittert
wie ein Vögelchen
unter dem
Griff deines Blicks.

Deine Hände eine zärtliche Brise
auf meinem Leib.
Alle meine Wachen
fliehn.

Du öffnest die letzte Tür.
Ich bin so erschrocken
vor Glück
daß aller Schlaf
dünn wird
wie ein zerschlissenes Tuch.

Ulla Hahn

Anständiges Sonett

Schreib doch mal
ein anständiges Sonett
St. H.

Komm beiß dich fest ich halte nichts
vom Nippen. Dreimal am Anfang küß
mich wo's gut tut. Miß
mich von Mund zu Mund. Mal angesichts

der Augen mir Ringe um
und laß mich springen unter
der Hand in deine. Zeig mir wie's drunter
geht und drüber. Ich schreie ich bin stumm.

Bleib bei mir. Warte. Ich komm wieder
zu mir zu dir dann auch
»ganz wie ein Kehrreim schöner alter Lieder«.

Verreib die Sonnenkringel auf dem Bauch
mir ein und allemal. Die Lider
halt mir offen. Die Lippen auch.

Peter Rühmkorf

Wollte nur mal fragen

Wollte nur mal fragen, wie's so ist.
Wollte nur mal sehn, ob meine Sterne
noch am Leuchten sind
und man mich in der Ferne
etwa gar vermißt …

Wollte eigentlich,
wollte, weil mein Sinn für das Postume
wie bekannt in engen Grenzen bleibt
und der Geist auf seiner schmalen Krume
ungenetzt nur parfümierte Blumen treibt,
also, wollte fragen, ob man sich …

Ob man, wenn es deine Zeit erlaubt,
und du kannst dich auch real entreißen,
weil: du bist genau so spitz wie ich,
meine, ob du dich
in ein Auto, einen Zug, ein Flugzeug schmeißen
würdest und du kämest schneller als man glaubt
hier ganz einfach angestaubt:
ein speziell für mich
in Gang gesetztes Ding-an-sich …

Heinrich Heine

Himmlisch wars, wenn ich bezwang

Himmlisch wars, wenn ich bezwang
Meine sündige Begier,
Aber wenns mir nicht gelang,
Hatt ich doch ein groß Pläsier.

Friedrich von Logau

Die gute Diät

Charlotte hatte ihrem Arzt gesagt,
Daß ihr das Liebeswerk des Morgens sehr behagt,
Allein gesünder sei's, des Abends sich zu pflegen.
Nun will sie aber mit Bedacht
Es täglich zweimal tun,
Des Morgens, weil's Vergnügen macht,
Des Abends der Gesundheit wegen.

Kate Tempest

Scheiß auf das Gedicht

Seit Ewigkeiten stockt mein Schreiben,
denn ich starre lieber auf dich als auf Seiten.

Doch wäre es nicht fantastisch,
ein Gedicht zu machen, das nur halb so verwegen ist
wie du, wenn du nackt bist.
Ich versuche es mal eben –

Deine Liebe ist mein Stahl, Nieten deine Küsse.
Du bist wie das Meer unter dem Schlamm einer Ölpest.

Scheiß auf das Gedicht.

Hier gibt's ein Bett,
und du willst mich drin haben.

Durs Grünbein

Unverschämtheit

Und wenn sie wieder fragen »Was heißt für Sie Glück?« –
Die Magazine mit den bunten Bildchen (*lifestyle*
undsoweiter),
Dann sagst du: Geil zu sein. Drei Silben nur. Denn selten ist
Und kostbar dieser Zustand, allem Sterben weit entrückt.
Was gibt es Schöneres, als sich auf Laken auszubreiten?
Mann oder Frau, denkt nach (und scharf), was übertrifft
Die Seligkeit, es unverschämt zu treiben?
Dieses Hecheln,
Bei dem Parfüm, verbrannt, herüberweht. Dies ungezügelte
Sich Ineinanderwühlen, breit wie Satyrn lächelnd,
Am Rückgrat Schauer. Schweiß perlt auf den Nasenflügeln.
Keins hört mehr, wie die Uhren ticken. Gleich ist es vorbei,
Das Heiß und Kalt. Eh sie sich trennen nach dem Akt,
Heißt es: *lascivia*, Tollheit, Libido. – Bis vom Geschrei
Genervt der Nachbar an die Wand klopft und schreit *Fuck!*

Sarah Kirsch

Ruf- und Fluchformel

Eu Regen Schnee Gewitter Hagelschlangen
Steigt aus des Meeres bodenloser Brut
Und haltet euch in Lüften eng umfangen
Bis er auf meinem roten Sofa ruht.

Wenn er den Stab hebt, dürft ihr draußen toben
Je mehr je lieber, schließet mir das Haus
Und schlagt und dreht euch, ändert Unten, Oben
Der Hof sieht wie ein Jahrmarkt aus

Dieweil wir unserer Lieb erproben.

Als ich nachher von dir ging

Bertolt Brecht

Als ich nachher von dir ging

Als ich nachher von dir ging
An dem großen Heute
Sah ich, wie ich sehn anfing
Lauter lustige Leute.

Und seit jener Abendstund
Weißt schon, die ich meine
Hab ich einen schönern Mund
Und geschicktere Beine.

Grüner ist, seit ich so fühl
Baum und Strauch und Wiese
Und das Wasser schöner kühl
Wenn ich's auf mich gieße.

Steinmar

Bettspiel im Heu

Ein Bursche lag heimlich
bei einem Mädchen, er schlief
bis zum hellen Morgenstrahl.
Da rief der Hirte laut:
»Wohlauf, laß die Herde heraus!«
Davon erschraken das Mädchen und ihr lieber Freund.

Das Stroh mußte er verlassen
und von der Liebsten fortgehen.
Er durfte sich nicht länger aufhalten,
er nahm sie in die Arme.
Das Heu, das auf ihm lag,
das sah die Gute hoch aufwirbeln in den hellen Tag.

Davon mußte sie auflachen,
ihr sanken die Augen zu.
So süß konnte er
an diesem frühen Morgen
mit ihr das Bettspiel treiben.
Größere Freuden, so ganz ohne Aufwand – wer sah sie je?

Eduard Mörike

Begegnung

Was doch heut' nacht ein Sturm gewesen,
Bis erst der Morgen sich geregt!
Wie hat der ungebetne Besen
Kamin und Gassen ausgefegt!

Da kommt ein Mädchen schon die Straßen,
Das halb verschüchtert um sich sieht;
Wie Rosen, die der Wind zerblasen,
So unstet ihr Gesichtchen glüht.

Ein schöner Bursch tritt ihr entgegen,
Er will ihr voll Entzücken nahn:
Wie sehn sich freudig und verlegen
Die ungewohnten Schelme an!

Er scheint zu fragen, ob das Liebchen
Die Zöpfe schon zurecht gemacht,
Die heute Nacht im offnen Stübchen
Ein Sturm in Unordnung gebracht.

Der Bursche träumt noch von den Küssen,
Die ihm das süße Kind getauscht,
Er steht, von Anmut hingerissen,
Derweil sie um die Ecke rauscht.

Friederike Mayröcker

mein Auge geht auf eine stille Reise

mein Auge geht auf eine stille Reise
wenn dein Gesicht in deiner Hand ausruht
(wie Walters von der Vogelweide)
mein Auge geht auf eine stille Reise
zu deinem Auge das sich müde schlieszt
und weilt an deinem schönen Mund
mein Auge geht auf eine stille Reise
zu deiner Wange wunderbar und ernst
zu deiner Hand zu deiner Brust zu deinem Fusz
mein Auge geht auf eine sanfte Reise
zu deinem Herz

Ernst Jandl

liegen, bei dir

ich liege bei dir, deine arme
halten mich. deine arme
halten mehr als ich bin.
deine arme halten, was ich bin
wenn ich bei dir liege und
deine arme mich halten.

Ulla Hahn

So

Auf der rechten Seite
so liegen daß
die Knie das Kinn
fast berühren. Sich den
Rücken freihalten für einen
nicht zu weichen
schmiegsamen Bauch.
Beine auch die mit meinen
scharf in die Kurve gehen
zwanzigfach Zeh'n
ganz unten. Ums Herz
in der linken Brust eine
Hand die den Schlag spürt
und bleibt im Nacken
ein schlafender Mund Speichelfäden.
Morgens aufwachen.
Immer noch da sein.
So.

Idea Vilariño

Weißt du

Weißt du
hast du gesagt
nie
nie bin ich so glücklich gewesen wie heute nacht.
Nie. Und du hast es mir
im selben Augenblick gesagt
in dem ich beschloß, dir nicht zu sagen
weißt du
sicher mach ich mir was vor
aber ich glaube
aber mir scheint, das ist
die schönste Nacht meines Lebens.

William Carlos Williams

Nur damit du Bescheid weißt

Ich habe die Pflaumen
gegessen
die im Eisschrank
waren

du wolltest
sie sicher
fürs Frühstück
aufheben

Verzeih mir
sie waren herrlich
so süß
und so kalt

1934

Wir träumten voneinander

Rainer Malkowski

Traumkorrespondenz

Mir träumte,
du schriebst mir vom Rande des Pols
einen Brief.

Und ich war bei Dir
mit zwei Schritten –

so fraglos
fand ich mich erwartet.

Rainer Maria Rilke

Das war der Tag

Das war der Tag der weißen Chrysanthemen, –
mir bangte fast vor seiner schweren Pracht …
Und dann, dann kamst du mir die Seele nehmen
tief in der Nacht.

Mir war so bang, und du kamst lieb und leise, –
ich hatte grad im Traum an dich gedacht.
Du kamst, und leis wie eine Märchenweise
erklang die Nacht …

Ono No Komachi

Als ich an ihn dachte

Als ich an ihn dachte,
schlief ich glücklich ein.
Da erschien er mir.
Hätte ich gewußt: ein Traum,
wär ich nie mehr aufgewacht.

Friedrich Hebbel

Ich und Du

Wir träumten voneinander
Und sind davon erwacht.
Wir leben, um uns zu lieben,
Und sinken zurück in die Nacht.

Du tratst aus meinem Traume,
Aus deinem trat ich hervor,
Wir sterben, wenn sich Eines
Im andern ganz verlor.

Auf einer Lilie zittern
Zwei Tropfen, rein und rund,
Zerfließen in Eins und rollen
Hinab in des Kelches Grund.

Heinrich Heine

Ich hab im Traum geweinet

Ich hab im Traum geweinet,
Mir träumte, du lägest im Grab.
Ich wachte auf, und die Träne
Floß noch von der Wange herab.

Ich hab im Traum geweinet,
Mir träumt', du verließest mich.
Ich wachte auf, und ich weinte
Noch lange bitterlich.

Ich hab im Traum geweinet,
Mir träumte, du bliebest mir gut.
Ich wachte auf, und noch immer
Strömt meine Tränenflut.

Kurt Tucholsky

Sie schläft

Morgens, vom letzten Schlaf ein Stück,
nimm mich ein bißchen mit –
auf deinem Traumboot zu gleiten ist Glück –
die Zeituhr geht ihren harten Schritt …
 pick-pack …

»Sie schläft mit ihm« ist ein gutes Wort.
Im Schlaf fließt das Dunkle zusammen.
Zwei sind keins. Es knistern die kleinen Flammen,
– aber dein Atem fächelt immerfort.
Ich bin aus der Welt. Ich will nie wieder in sie zurück –
jetzt, wo du nicht bist, bist du ganz mein.
Morgens, im letzten Schlummer ein Stück,
kann ich dein Gefährte sein.

Wolf Biermann

Einschlaf- und Aufwachelied

Schlaf ein, mein Lieb, sonst ist die Nacht
Vorbei und hat uns nichts gebracht
Als wirre irre Fragen
Gib mir dein' Arm und noch ein' Kuss
Ich muss ja durch den Schlafefluss
Und will dich rübertragen

Wach auf, mein Lieb, du schläfst ja noch!
Komm aus den dunklen Träumen hoch
Und freu dich an uns beiden!
Die Sonne hat längst dein Gesicht
Gestreichelt, und du merkst das nicht
– das mag ich an dir leiden

Denn ich liebe dich durch dünn und dick

Elizabeth Barret-Browning
Wie ich dich liebe?

Wie ich dich liebe? Laß mich zählen wie.
Ich liebe dich so tief, so hoch, so weit,
als meine Seele blindlings reicht, wenn sie
ihr Dasein abfühlt und die Ewigkeit.

Ich liebe dich bis zu dem stillsten Stand,
den jeder Tag erreicht im Lampenschein
oder in Sonne. Frei, im Recht, und rein
wie jene, die vom Ruhm sich abgewandt.

Mit aller Leidenschaft der Leidenszeit
und mit der Kindheit Kraft, die fort war, seit
ich meine Heiligen nicht mehr geliebt.

Mit allem Lächeln, aller Tränennot
und allem Atem. Und wenn Gott es gibt,
will ich dich besser lieben nach dem Tod.

Rose Ausländer

Wort an Wort

Wir wohnen
Wort an Wort

Sag mir
Dein liebstes
Freund

Meines heißt
DU

Bertolt Brecht

Morgens und abends zu lesen

Der, den ich liebe
Hat mir gesagt
Daß er mich braucht

Darum
Gebe ich auf mich acht
Sehe auf meinen Weg und
Fürchte von jedem Regentropfen
Daß er mich erschlagen könnte.

Joachim Ringelnatz

Ich habe dich so lieb

Ich habe dich so lieb!
Ich würde dir ohne Bedenken
Eine Kachel aus meinem Ofen
Schenken

Ich habe dir nichts getan
Nun ist mir traurig zu Mut.
An den Hängen der Eisenbahn
Leuchtet der Ginster so gut.

Vorbei – verjährt –
Doch nimmer vergessen.
Ich reise.
Alles, was lange währt,
Ist leise.

Die Zeit entstellt
Alle Lebewesen.
Ein Hund bellt.
Er kann nicht lesen.
Er kann nicht schreiben.
Wir können nicht bleiben.

Ich lache.
Die Löcher sind die Hauptsache
An einem Sieb.

Ich habe dich so lieb.

Wisława Szymborska

Glückliche Liebe

Glückliche Liebe. Ist das normal,
ernst zu nehmen, ist das nützlich –
was hat die Welt von zwei Menschen,
die die Welt nicht sehen?

Zueinander erhoben ohne jedes Verdienst,
die ersten besten von Millionen, aber überzeugt,
daß es so kommen mußte – als Belohnung wofür? Für nichts;
das Licht fällt von nirgendwo –
warum gerade auf sie und nicht andere?
Beleidigt das die Gerechtigkeit? Ja.
Verletzt es die sorgsam angehäuften Prinzipien,
stößt es die Moral vom Sockel? Ja, das tut es.

Schaut euch diese Glücklichen an:
würden sie sich wenigstens ein bißchen verstellen,
Bedrücktheit heucheln, um die Freunde aufzumuntern!
Hört, wie sie lachen – geradezu kränkend.
Welche Sprache sie sprechen – scheinbar verständlich.
Doch diese Zeremonien, dieses Getue,
die extravaganten Pflichten einander gegenüber –
eine Verschwörung hinter dem Rücken der Menschheit!

Schwer zu sagen, wozu es führte,
wenn sich ihr Beispiel nachahmen ließe.
Womit Religion und Poesie rechnen könnten,
woran man sich erinnern, was man unterlassen würde,
wer dabei bleiben wollte.

Glückliche Liebe. Muß das sein?
Takt und Vernunft raten, sie zu verschweigen
wie einen Skandal aus den höheren Lebenssphären.
Prächtige Kinder werden ohne sie geboren.
Die Erde könnte sie niemals bevölkern,
sie kommt schließlich selten vor.

Sollen doch Menschen, die sie nicht kennen,
behaupten, es gebe keine glückliche Liebe.

Mit diesem Glauben leben und sterben sie leichter.

Mascha Kaléko

Ich und Du

Ich und Du wir waren ein Paar
Jeder ein seliger Singular
Liebten einander als Ich und als Du
Jeglicher Morgen ein Rendezvous
Ich und Du wir waren ein Paar
Glaubt man es wohl an die vierzig Jahr
Liebten einander in Wohl und in Wehe
Führten die einzig mögliche Ehe
Waren so selig wie Wolke und Wind
Weil zwei Singulare kein Plural sind.

Else Lasker-Schüler

Ein alter Tibetteppich

Deine Seele, die die meine liebet
Ist verwirkt mit ihr im Teppichtibet

Strahl in Strahl, verliebte Farben,
Sterne, die sich himmellang umwarben.

Unsere Füsse ruhen auf der Kostbarkeit
Maschentausendabertausendweit.

Süsser Lamasohn auf Moschuspflanzentron
Wie lange küsst dein Mund den meinen wohl
Und Wang die Wange buntgeknüpfte Zeiten schon.

Joachim Ringelnatz

Privat-Telegramm

Unsere Kasse darf leer sein.
Doch dein Herz darf nicht schwer sein.

Jedes entschlüpfte harte Wort
Von mir, – streichle du sofort!
Und rate mir in gleichem Sinn!!!
Jedes Schmollschweigen tobt ohne Sinn

Hetzerisch durch die Brust.
Ärger ist stets Verlust,
Und Verzeihung ist immer Gewinn.

Unsrer beiden Herzen mögen schwer sein
Durch gemeinsames Missgeschick.
Aber keine Stunde zwischen uns darf liebeleer sein.

Denn ich liebe dich durch dünn und dick.

Mascha Kaléko

Quasi ein Mahnbrief

Verehrter Herr! Jetzt wird's zu monoton.
Am letzten Sonntag waren es zwei Wochen:
Kein Brief, kein Gruß, kein Wort am Telefon …
– Was hab ich denn so Furchtbares verbrochen?

Wir sprachen, wie das so im Leben sei,
und ob es mit uns beiden wohl so bliebe.
Ich sagte nur: ich glaube nicht an Liebe.
… Und das im Mai.

Da zupften Sie an Ihrem Schlips und Kragen.
(Das tun Sie immer, wenn Sie etwas erregt.)
Dann wollten Sie zuerst noch etwas sagen.
Das haben Sie sich rasch noch überlegt.

Und mittendrin, beim schönsten Wortgefecht,
da ließen Sie mich ohne Antwort stehen
und sich bis heute überhaupt nicht sehen.
… Und das mit Recht.

Nachschrift:

Jetzt warte ich auf Dich seit vierzehn Tagen.
Und vierundzwanzig Stunden hat der Tag.
– Du weißt doch ganz genau, daß ich Dich mag.
Was mußt Du nur so dumme Dinge fragen.

Es ist so schön, zu wissen daß Du da bist.
Kann ich denn sagen, wie spät es wird.
Weißt Du, ob sich Dein Herz nicht doch verirrt?
– Noch ist es schön zu fühlen, daß Du nah bist.

... Soviel nur noch zum Thema ›Lebensglück‹.
Willst du verstehn, ist alles wie gewesen.
– Sonst aber, – selbst, wenn Du ihn nicht gelesen,
erbitte ich den Hamsun bald zurück.

Friederike Mayröcker

wie ich dich nenne wenn ich an dich denke und du nicht da bist:

meine Walderdbeere
meine Zuckerechse
meine Trosttüte
mein Seidenspinner
mein Sorgenschreck
meine Aurelia
meine Schotterblume
mein Schlummerkind
meine Morgenhand
mein Vielvergesser
mein Fensterkreuz
mein Mondverstecker
mein Silberstab
mein Abendschein
mein Sonnenfaden
mein Rüsselhase
mein Hirschenkopf
meine Hasenpfote
mein Treppenfrosch
mein Lichterkranz
mein Frühlingsdieb
mein Zittergaul
meine Silberschnecke
mein Tintenfasz
mein Besenfuchs
mein Bäumefäller
mein Sturmausreiszer

mein Bärenheger
mein Zähnezeiger
mein Pferdeohr
mein Praterbaum
mein Ringelhorn
meine Affentasche
meine Winterwende
meine Artischocke
meine Mitternacht
mein Rückwärtszähler

(da capo!)

Helga M. Novak

seitdem du da bist

seitdem du da bist
gehen die Stühle aus dem Leim
das Bett hängt durch das Sofa
unter mir biegen sich alle Balken
so schwer
hab ich mich fallenlassen

wenn du weg bist
steht alles wieder an seinem Ort
das Ausgebeulte wird sich glätten
die Möbel richten sich auf
und mir
werden die Haare zu Berge stehen

Mascha Kaléko

Zärtliche Epistel

Der blaue Himmel ist nur halb so blau,
Weil du nicht da bist, Liebster.
Deine Nähe macht, daß ich alles Schöne schöner sehe.
Ich bin doch eine unmoderne Frau!

Ich liebe dich trotz Ehering und Sorgen.
Und Heimat ist nur, wo mit dir ich bin.
Fühl ich mich doch noch heimlich Königin,
Auch wenn uns Wirt und Bäcker nicht mehr borgen.

Musik ist, wo du bist. Dein Stirb und Werde.
Ja, selbst der Kummer trägt ein schönes Kleid.
Viel lieber noch ist mir der Träumer Leid
Als sattes Glück der wohlversorgten Herde.

Der Wald hier, mein Lieb, ist ein richtiger Wald!
Und die Bäume … die Bäume, sie rauschen.
Und *le lac* ist ein See. Ein richtiger See.
Und die steigenden Hügel – kein Traum.
Oh, wie gut ist's dem Schweigen zu lauschen
Und dem Vogelgezwitscher im Baum.

Du wirst bestimmt zum Wochenende kommen?
Gesegnet sei das gute Telefon!
Es gibt hier Rehe … Unser kleiner Sohn
Und meine Sehnsucht haben zugenommen.

Kein Wiedersehen ohne Abschiedsschmerz.
Dies gilt noch immer. Aber, liebes Herz,
Man muß sich nicht so schrecklich weit entfernen,
Um diese alte Weisheit neu zu lernen.

Rainer Maria Rilke

Die Liebenden

Sieh, wie sie zueinander erwachsen:
in ihren Adern wird alles Geist.
ihre Gestalten beben wie Achsen,
um die es heiß und hinreißend kreist.
Dürstende, und sie bekommen zu trinken,
Wache und sieh: sie bekommen zu sehn.
Laß sie ineinander sinken,
um einander zu überstehn.

Bertolt Brecht

Ich will mit dem gehen, den ich liebe

Ich will mit dem gehen, den ich liebe.
Ich will nicht ausrechnen, was es kostet.
Ich will nicht nachdenken, ob es gut ist.
Ich will nicht wissen, ob er mich liebt.
Ich will mit ihm gehen, den ich liebe.

Was es ist

Erich Fried

Was es ist

Es ist Unsinn
sagt die Vernunft
Es ist was es ist
sagt die Liebe

Es ist Unglück
sagt die Berechnung
Es ist nichts als Schmerz
sagt die Angst
Es ist aussichtslos
sagt die Einsicht
Es ist was es ist
sagt die Liebe

Es ist lächerlich
sagt der Stolz
Es ist leichtsinnig
sagt die Vorsicht
Es ist unmöglich
sagt die Erfahrung
Es ist was es ist
sagt die Liebe

Matthias Claudius
Die Liebe

Die Liebe hemmet nichts; sie kennt nicht Tür noch Riegel,
Und dringt durch alles sich;
Sie ist ohn Anbeginn, schlug ewig ihre Flügel,
Und schlägt sie ewiglich.

Theodor Storm

Ich bin mir meiner Seele

Ich bin mir meiner Seele
In deiner nur bewußt,
Mein Herz kann nimmer ruhen
Als nur an deiner Brust!
Mein Herz kann nimmer schlagen
Als nur für dich allein.
Ich bin so ganz dein eigen,
So ganz auf immer dein.

Gotthold Ephraim Lessing

Lied aus dem Spanischen

Gestern liebt' ich,
Heute leid' ich,
Morgen sterb' ich:
Dennoch denk' ich
Heut' und morgen
Gern an gestern.

Johann Wolfgang Goethe

Freudvoll und leidvoll

Freudvoll
Und leidvoll,
Gedankenvoll sein,
Langen
Und bangen
In schwebender Pein,
Himmelhoch jauchzend,
Zum Tode betrübt;
Glücklich allein
Ist die Seele, die liebt.

Bertolt Brecht

Terzinen über die Liebe

Sieh jene Kraniche in großem Bogen!
Die Wolken, welche ihnen beigegeben
Zogen mit ihnen schon, als sie entflogen

Aus einem Leben in ein andres Leben.
In gleicher Höhe und mit gleicher Eile
Scheinen sie alle beide nur daneben.

Daß also keines länger hier verweile
Daß so der Kranich mit der Wolke teile
Den schönen Himmel, den sie kurz befliegen

Und keines andres sehe als das Wiegen
Des andern in dem Wind, den beide spüren
Die jetzt im Fluge beieinander liegen.

So mag der Wind sie in das Nichts entführen;
Wenn sie nur nicht vergehen und sich bleiben
So lange kann sie beide nichts berühren

So lange kann man sie von jedem Ort vertreiben
Wo Regen drohen oder Schüsse schallen.
So unter Sonn und Monds wenig verschiedenen Scheiben

Fliegen sie hin, einander ganz verfallen.

Wohin ihr?
Nirgend hin.

Von wem entfernt?
Von allen.

Ihr fragt, wie lange sind sie schon beisammen?
Seit kurzem.
Und wann werden sie sich trennen?
Bald.
So scheint die Liebe Liebenden ein Halt.

Ulla Hahn

Irrtum

Und mit der Liebe sprach er ists
wie mit dem Schnee: fällt weich
mitunter und auf alle
aber bleibt nicht liegen.

Und sie darauf die Liebe ist
ein Feuer das wärmt im Herd
verzehrt wenns dich ergreift
muß ausgetreten werden.

So sprachen sie und so griff
er nach ihr sie schlugs nicht aus
und blieb auch bei ihm liegen.

Er schmolz sie ward verzehrt
sie glaubten bis zuletzt an keine Liebe
die bis zum Tode währt.

Hans Magnus Enzensberger

Unpolitische Vorlieben

Dieses kleine Lächeln der Cellistin
nach der Kadenz im zweiten Satz,
obwohl soeben der Sicherheitsrat
zusammengetreten ist;

der tiefe Ernst, mit dem sich die Frau dort
in den Trümmern ihrer Wohnküche schminkt,
obwohl im Regierungsviertel
noch immer geschossen wird;

der Ehekrach dieser Achtzigjährigen,
wegen der Katzenhaare im Bett,
obwohl die Friedensverhandlungen
die entscheidende Phase erreicht haben;

das heulende Elend wegen der Jubiläumstasse,
die das Dienstmädchen zerschmettert hat,
obwohl der Währungsfonds im selben Moment
den Beistandskredit verweigert;

und hinter der Scheune das Liebespaar,
vor Eifer besinnungs- und atemlos,

obwohl

Mascha Kaléko

Sonett in Dur

Ich frage mich in meinen stillen Stunden,
Was war das Leben, Liebster, eh du kamst
Und mir den Schatten von der Seele nahmst.
Was suchte ich, bevor ich dich gefunden?

Wie war mein Gestern, such ich zu ergründen,
Und sieh, ich weiß es nur noch ungefähr.
So ganz umbrandet mich das Jetzt, dies Meer,
In das die besten meiner Träume münden.

Vergaß ich doch, wie süß die Vögel sangen,
Noch eh du warst, der Jahre buntes Kleid.
Mir blieb nur dies von Zeiten, die vergangen:
Die weißen Winter und die Einsamkeit.

Sie warten meiner, läßt du mich allein.
Und niemals wieder wird es Frühling sein.

Mache deine Sache gut

Peter Handke

Mag sein

Mag sein,
ich habe es mit dir,
du hast es mit mir
nur zum Stammeln gebracht.
Aber dieses unser Gestammel
wird das Schönste sein,
was wir beide
Der Welt hinterlassen werden.
Dieses unser beider
fassungsloses Stammeln
ist unsere menschliche Hinterlassenschaft

Christine Busta

Vom Altern

Der Liebe wird alles wichtig und lieb:
eine Schattenmulde in der Wange,
das Runzelgeflecht ums Auge,
eine Kindheitsnarbe unter den Zehen,
ein verborgener Makel der Haut,
eine sichtbarer werdende Ader
und die kahle Stelle im Haar.

Jeder Verlust wird auch Gewinn
und mehrt die Erinnerung.
Treuer als Lust macht Zärtlichkeit,
der Schmerz um Vergängliches erneuert.
Aus den Filtern behutsamer Trauer
bergen wir die Schönheit, die bleibt.

Hilde Domin

Spätsommer

Da du die Zeitung liest
sehe ich das Gras an,
grünes neues Gras
unter dem gelben.

Wenn du sehr liebst,
werden die Haare wieder dunkel.
Wenn du sehr liebst,
werden die Haare weiß.

Wilhelm Busch

Wenn ich dereinst

Wenn ich dereinst ganz alt und schwach,
Und 's ist mal ein milder Sommertag,
So hink ich wohl aus dem kleinen Haus
Bis unter den Lindenbaum hinaus.
Da setz ich mich denn im Sonnenschein
Einsam und still auf die Bank von Stein,
Denk an vergangene Zeiten zurücke
Und schreibe mit meiner alten Krücke
Und mit der alten zitternden Hand
Bertha
So vor mir in den Sand.

Robert Gernhardt

Zwei Tische weiter

Wer ist der Herr,
der rund und satt
da diese schöne
Dame hat?

Ich kann ihn nur
von hinten sehn.
Dem tut die schöne
Dame schön?

Sein Haar so grau,
sein Leib so dick –
die Dame wendet
keinen Blick.

Sie schaut ihn
innig an und lacht.
Ich frage mich,
wie der das macht.

Der Blick der Dame
hängt am Herrn,
der Herr da drüben
wär ich gern.

So dick wie er
und so ergraut,
so oh! belacht,
so ach! beschaut.

Joachim Ringelnatz

Ich habe gebangt um dich

Ich habe gebangt um dich.
Ich wäre so gern für dich gegangen. –
Du hättest im gleichen Bangen
Dann gewartet auf mich.

Ich hörte nicht mehr
Und ich sah auch nicht.
Ein Garnichts floh vor mir her,
Gefrorenes Licht.

Nun atmet mein Dank so tief,
Und die Welt blüht im Zimmer. –
Daß alles so gnädig verlief,
Vergessen wir's nimmer!

Reiner Kunze

Bittgedanke, dir zu Füßen

Stirb früher als ich, um ein weniges
früher

Damit nicht du
den weg zum haus
allein zurückgehn mußt

Michael Krüger

Das elfte Gebot

Du sollst
nicht sterben,
bitte.

W. H. Auden

Haltet die Uhren an, durchschneidet die Kabel der Telefone

Haltet die Uhren an, durchschneidet die Kabel der Telefone,
Mit saftigem Knochen zeigt eurem Hund, daß es lohne,
Nicht zu bellen; gebietet Klavieren zu schweigen; geleitet mit dumpfem
Trommelrühren den Sarg: im Blick der Trauernden, dem stumpfen.

Laßt Flieger trauernd über uns kreisen wie in Not
Und auf den Himmel schreiben: Er ist tot.
Verseht die weißen Taubenhälse mit Trauerschleifen,
Laßt Polizisten schwarz behandschuht den Verkehr begreifen.

Er war mein Norden, mein Süden, mein Ost und West,
Meine Arbeitswoche und mein Sonntagsfest,
Mein Mittag, meine Mitternacht, mein Reden, mein Gesang;
Liebe, meinte ich, dauere immer; nein, mir wird bang.

Sterne braucht es jetzt nicht mehr, löscht sie aus, alle;
Den Mond packt ein, die Sonne verfalle;
Gießt den Ozean aus, rodet den Wald;
Denn das Gute von nun an schweigt kalt.

Joachim Ringelnatz

An M.

Der du meine Wege mit mir gehst,
Jede Laune meiner Wimper spürst,
Meine Schlechtigkeiten duldest und verstehst –
Weißt du wohl, wie heiß du oft mich rührst?

Wenn ich tot bin, darfst du gar nicht trauern.
Meine Liebe wird mich überdauern
Und in fremden Kleidern dir begegnen
Und dich segnen.

Lebe, lache gut!
Mache deine Sache gut!

Raymond Carver

Spätes Fragment

Und – hast du bekommen, was
du haben wolltest von diesem Leben, trotz allem?
Ja, hab ich.
Und was wolltest du?
Sagen können, dass ich geliebt werde, mich geliebt
fühlen auf dieser Erde.

Quellennachweise

Anna Achmatowa (1889-1966)
Mein Lächeln*. Aus: Anna Achmatowa, Ich lebe aus dem Mond, du aus der Sonne. Liebesgedichte. Aus dem Russischen von Alexander Nitzberg. Ausgewählt von Olaf Irlenkäuser. © Insel Verlag Berlin 2013.

Rafael Alberti (1902-1999)
Aufforderung. Aus: Rafael Alberti, Zu Lande zu Wasser. Gedichte. Spanisch und deutsch. Übertragung und Nachwort von Erwin Walter Palm. © der deutschen Ausgabe Suhrkamp Verlag Frankfurt am Main 1960. © Rafael Alberti, 1925, El Alba Del Alhelí, S. L. Abdruck mit freundlicher Genehmigung der Agentur Carmen Balcells, Madrid.

Alfred Andersch (1914-1980)
Paris, 1. Mai 1977. Aus: Alfred Andersch, Gedichte/Nachdichtungen. Copyright © 2004 Diogenes Verlag AG Zürich.

Anonym (aus Ägypten, um 1500 v.Chr.)
Im Bad. Aus: Michael Korth (Hg.), Schöner Jüngling mich lüstet Dein. Liebesgedichte von Frauen: Ein Wegweiser durch den Irrgarten der Liebe von Sappho bis Gioconda Belli. Eichborn AG, Frankfurt am Main 1988. Nach einer niederländischen Version übersetzt von Johannes Piron.

Anonym (niederdeutsch)
Kumm du um Middernacht*. Aus: Schöner Jüngling mich lüstet Dein. Liebesgedichte von Frauen: Ein Wegweiser durch den Irrgarten der Liebe von Sappho bis Gioconda Belli. Herausgegeben von Michael Korth. Eichborn AG, Frankfurt am Main 1988.

H. C. Artmann (1921-2000)
wie der saft einer sehr süßen frucht*. Aus: H. C. Artmann, Sämtliche Gedichte. Herausgegeben von Klaus Reichert. © Jung und Jung, Salzburg und Wien 2003.

Wystan Hugh Auden (1907-1973)
Haltet die Uhren an, durchschneidet die Kabel der Telefone. Übersetzt von Rüdiger Görner. Aus: Wystan Hugh Auden, Liebesgedichte. Englisch und

deutsch. Ausgewählt von Rüdiger Görner. © Insel Verlag Frankfurt am Main und Leipzig 2008. Copyright © 1940 by W. H. Auden, Veröffentlichung mit Genehmigung Nr. 71 255 der Paul & Peter Fritz AG in Zürich.

Rose Ausländer (1901-1988)
Wort an Wort. Aus: Rose Ausländer, Im Aschenregen die Spur deines Namens. Gedichte und Prosa 1976. © S. Fischer Verlag GmbH, Frankfurt am Main 1984.

Elizabeth Barret-Browning (1806-1891)
Wie ich dich liebe?* Aus: Elizabeth Barret-Browning, Liebesgedichte. Englisch und deutsch. Übertragen von Rainer Maria Rilke. Mit einem Nachwort von Felicitas von Lovenberg. Insel Verlag Frankfurt am Main und Leipzig 2006.

Wolf Biermann (geb. 1936)
Einschlaf- und Aufwachelied. Aus: Wolf Biermann, Alle Lieder. Hoffmann & Campe Verlag, Hamburg. Copyright © Wolf Biermann.

Thomas Brasch (1945-2001)
Ist denn kein Wort in meiner Sprache*; Liebeslied. Aus: Thomas Brasch, Wer durch mein Leben will, muß durch mein Zimmer. Gedichte aus dem Nachlaß. Herausgegeben von Katharina Thalbach und Fritz J. Raddatz. © Suhrkamp Verlag Frankfurt am Main 2002.

Bertolt Brecht (1898-1956)
Als ich nachher von dir ging*. Aus: Bertolt Brecht, Werke. Große kommentierte Berliner und Frankfurter Ausgabe. Band 15: Gedichte 5. Gedichte und Gedichtfragmente 1940-1956. Bearbeitet von Jan Knopf und Brigitte Bergheim unter Mitarbeit von Annette Ahlborn, Günter Berg und Michael Duchardt. © 1993 Bertolt-Brecht-Erben und Suhrkamp Verlag Berlin.
Ich will mit dem gehen, den ich liebe; Morgens und abends zu lesen; Terzinen über die Liebe. Aus: Bertolt Brecht, Werke. Große kommentierte Berliner und Frankfurter Ausgabe. Band 14: Gedichte 4. Gedichte und Gedichtfragmente 1928-1939. Bearbeitet von Jan Knopf und Brigitte Bergheim unter Mitarbeit von Annette Ahlborn, Günter Berg und Michael Duchardt. © 1993 Bertolt-Brecht-Erben und Suhrkamp Verlag Berlin.

Lily Brett (geb. 1946)
Wenn wir bleiben könnten. Aus: Lily Brett, Liebesgedichte. Ausgewählt, übertragen und mit einem Nachwort von Jutta Kaußen. © Insel Verlag Frankfurt am Main 2008. © 2008 by Lily Brett.

Wilhelm Busch (1832-1908)
Wenn ich dereinst. Aus: Wilhelm Busch, Kritik des Herzens. Friedrich Bassermann, Heidelberg 1874.

Christine Busta (1915-1987)
Vom Altern. Aus: Christine Busta, Inmitten aller Vergänglichkeit. © Otto Müller Verlag, Salzburg 2015.

Raymond Carver (1938-1988)
Spätes Fragment. Aus: Raymond Carver, Ein neuer Pfad zum Wasserfall. Gedichte. Aus dem Amerikanischen von Helmut Frielinghaus. © S. Fischer Verlag GmbH, Frankfurt am Main 2013.

Paul Celan (1920-1970)
Komm*. Aus: Paul Celan, Die Gedichte. Kommentierte Gesamtausgabe in einem Band. Herausgegeben und kommentiert von Barbara Wiedemann. © Suhrkamp Verlag Frankfurt am Main 2003.

Matthias Claudius (1740-1815)
Die Liebe. Aus: Matthias Claudius, Werke in einem Band, herausgegeben von Jost Perfahl, München: Winkler 1976.

Max Dauthendey (1867-1918)
Die Herzensfrau. Aus: Max Dauthendey, Gesammelte Werke in 6 Bänden, Band 4: Lyrik und kleinere Versdichtungen, A. Langen Verlag, München 1925.

Emily Dickinson (1830-1886)
Wilde Nächte. Aus: Emily Dickinson, Dichtungen, übertragen und herausgegeben von Werner von Koppenfels. © der deutschen Übersetzung 1995 by Dieterich'sche Verlagsbuchhandlung, Mainz. 3., überarbeitete und wesentlich erweiterte Auflage 2005.

Hilde Domin (1909-2006)
Mein Geschlecht zittert; Spätsommer; Zärtliche Nacht. Aus: Hilde Domin, Sämtliche Gedichte. Herausgegeben von Nikola Herweg und Melanie Reinhold. Mit einem Nachwort von Ruth Klüger. © S. Fischer Verlag GmbH, Frankfurt am Main 2013.

Annette von Droste-Hülshoff (1797-1848)
Verliebt (I); Verliebt (II). Aus: Annette von Droste-Hülshoff, Sämtliche Gedichte. Insel Verlag Frankfurt am Main und Leipzig 1998.

Joseph von Eichendorff (1788-1857)
Neue Liebe. Aus: Joseph von Eichendorff, Sämtliche Gedichte und Versepen. Herausgegeben von Hartwig Schultz. Insel Verlag Frankfurt am Main und Leipzig 2005.

Hans Magnus Enzensberger (geb. 1929)
Unpolitische Vorlieben. Aus: Hans Magnus Enzensberger, Leichter als Luft. Moralische Gedichte. © Suhrkamp Verlag Frankfurt am Main 1999.

Erich Fried (1921-1988)
Was es ist. Aus: Erich Fried, Es ist was es ist. © Verlag Klaus Wagenbach, Berlin 1983.

Robert Gernhardt (1937-2006)
Zwei Tische weiter. Aus: Robert Gernhardt, Gesammelte Gedichte 1954-2006. © S. Fischer Verlag GmbH, Frankfurt am Main 2008.

Johann Wolfgang Goethe (1749-1832)
Freudvoll und leidvoll. Aus: Johann Wolfgang Goethe, Sämtliche Werke. Briefe, Tagebücher und Gespräche. 1. Abteilung: Sämtliche Werke. Band 5: Dramen 1776-1790. Herausgegeben von Dieter Borchmeyer unter Mitarbeit von Peter Huber. Deutscher Klassiker Verlag Frankfurt am Main 1988.
Meine Ruh' ist hin. Aus: Johann Wolfgang Goethe, Faust. Texte. Herausgegeben von Albrecht Schöne. 6., revidierte Auflage, Deutscher Klassiker Verlag im Taschenbuch Frankfurt am Main 2005.
Willkomm und Abschied. Aus: Johann Wolfgang Goethe, Sämtliche Werke. Briefe, Tagebücher und Gespräche. 1. Abteilung: Sämtliche Wer-

ke. Band 1: Gedichte 1756-1799. Herausgegeben von Karl Eibl. Deutscher Klassiker Verlag Frankfurt am Main 1987.

Durs Grünbein (geb. 1962)
Unverschämtheit. Aus: Durs Grünbein, Strophen für übermorgen. Gedichte. © Suhrkamp Verlag Frankfurt am Main 2007.

Ulla Hahn (geb. 1946)
Anständiges Sonett; Fast; Irrtum; Nie mehr; So. Aus: Ulla Hahn, Gesammelte Gedichte. Mit einem Vorwort von Ulla Hahn und einem Nachwort von Dorothea von Törne. © 2013, Deutsche Verlags-Anstalt, München, in der Verlagsgruppe Random House GmbH.

Peter Handke (geb. 1942)
Mag sein*. Aus: Peter Handke, Leben ohne Poesie. Gedichte. Herausgegeben von Ulla Berkéwicz. © dieser Ausgabe Suhrkamp Verlag Frankfurt am Main 2007.

Lioba Happel (geb. 1957)
sie wird aufstehen. Aus: Lioba Happel, land ohne land. Gedichte. edition pudelundpinscher, Unterschächen 2009. © 2009 edition pudelundpinscher, Erstfeld/Schweiz.

Friedrich Hebbel (1813-1863)
Ich und Du. Aus: Friedrich Hebbel, Sämtliche Werke, Band 2: Gedichte und Prosa. Der Tempel-Verlag, Berlin und Darmstadt 1961.

Heinrich Heine (1797-1856)
Die Nacht im Postwagen; Die Welt ist dumm; Hast du die Lippen mir wund geküßt; Himmlisch wars, wenn ich bezwang*; Ich hab im Traum geweinet; Ich halte ihr die Augen zu; Im wunderschönen Monat Mai. Aus: Heinrich Heine, Sämtliche Gedichte in zeitlicher Folge. Herausgegeben von Klaus Briegleb. Insel Verlag Frankfurt am Main und Leipzig 1997.

Hermann Hesse (1877-1962)
Weil ich dich liebe. Aus: Hermann Hesse, Sämtliche Werke. Herausgegeben von Volker Michels. Band 10: Die Gedichte. Bearbeitet von Peter Huber. © Suhrkamp Verlag Frankfurt am Main 2002.

Ricarda Huch (1864-1947)
Wo hast du all die Schönheit hergenommen. Aus: Ricarda Huch, Gesammelte Gedichte. H. Haessel Verlag und Insel Verlag, Leipzig 1929.

Leigh Hunt (1784-1859)
Jenny hat mich heut' geküßt (Rondeau). Aus: Lonja Stehelin-Holzing, Kein Ton weiß sein Echo. Gedichte, Prosa, Übertragungen. Herausgegeben von Roberto Seidel. Wissenschaftliche Buchgesellschaft, Darmstadt 2000. © Akademie der Wissenschaften und der Literatur, Mainz. Abdruck mit freundlicher Genehmigung.

Ernst Jandl (1925-2000)
liegen, bei dir. Aus: Ernst Jandl, Poetische Werke in 6 Bänden (Neuausgabe). Herausgegeben von Klaus Siblewski. © 2016 Luchterhand Literaturverlag, München, in der Verlagsgruppe Random House GmbH.

Mascha Kaléko (1907-1975)
Ich schreib dir einen Liebesbrief; Ich und Du; Sonett in Dur; Zärtliche Epistel. Aus: Mascha Kaléko, Sämtliche Werke und Briefe in vier Bänden. Herausgegeben von Jutta Rosenkranz. © 2012 dtv Verlagsgesellschaft, München.
Quasi ein Mahnbrief. Aus: Mascha Kaléko, Das lyrische Stenogrammheft. Kleines Lesebuch für Große. Copyright © 1978 Rowohlt Taschenbuch Verlag GmbH, Reinbek bei Hamburg.

Sarah Kirsch (1935-2013)
Besänftigung; Ruf- und Fluchformel. Aus: Sarah Kirsch, Sämtliche Gedichte. © 2005, Deutsche Verlags-Anstalt, München, in der Verlagsgruppe Random House GmbH.

Klabund (eigentl. Alfred Henschke, 1890-1928)
Die Luft ist voll von deinem Duft. Aus: Klabund, Gedichte, J. M. Spaeth-Verlag, Berlin 1926.

Angela Krauß (geb. 1950)
Ich muß mein Herz üben! Aus: Angela Krauß, Ich muß mein Herz üben, Insel Verlag Frankfurt am Main und Leipzig 2009.

Michael Krüger (geb. 1943)
Das elfte Gebot. Aus: Michael Krüger, Kurz vor dem Gewitter. Gedichte. © Suhrkamp Verlag Frankfurt am Main 2003.

Reiner Kunze (geb. 1933)
Bittgedanke, dir zu Füßen. Aus: Reiner Kunze, eines jeden einziges leben. © S. Fischer Verlag GmbH, Frankfurt am Main 1986.
Du weißt zur stunde ihn an fernem ort. Aus: Reiner Kunze, gespräch mit der amsel. © S. Fischer Verlag GmbH, Frankfurt am Main 1984.

Else Lasker-Schüler (1869-1945)
Ein alter Tibetteppich; Ein Liebeslied; Heimlich zur Nacht; Von weit. Aus: Else Lasker-Schüler, Dein Herz ist wie die Nacht so hell. Liebesgedichte. Ausgewählt von Eva Demski. Jüdischer Verlag im Suhrkamp Verlag Frankfurt am Main 1996.

Christine Lavant (1914-1973)
Seit heute, aber für immer*. Aus: Christine Lavant, Zu Lebzeiten veröffentlichte Gedichte. Herausgegeben und mit einem Nachwort von Doris Moser und Fabjan Hafner. © Wallstein Verlag, Göttingen 2014.

Hans Leip (1893-1983)
Muschemusch. Aus: Hans Leip, Die Hafenorgel, Deutscher Taschenbuch Verlag, München 1981. © Leip-Erben c/o Dr. Titus Küper.

Gotthold Ephraim Lessing (1729-1781)
Lied aus dem Spanischen. Aus: Gotthold Ephraim Lessing, Werke und Briefe in zwölf Bänden. Band 3: Werke 1754-1757. Herausgegeben von Conrad Wiedemann unter Mitwirkung von Wilfried Barner und Jürgen Stenzel. Deutscher Klassiker Verlag Frankfurt am Main 2003.

Friedrich von Logau (1604-1655)
Die gute Diät. Aus: Ein Tag der Liebe. Ein Stundenbuch der Gezeiten von Sehnsucht und Abschied. Herausgegeben von Rolf Michaelis. Insel Verlag Frankfurt am Main 2008.

Paula Ludwig (1900-1974)
Liebeswunsch. Aus: Paula Ludwig, Gedichte. Gesamtausgabe. Heraus-

gegeben von Kristian Wachinger und Christiane Peter. Ebenhausen bei München 1986. Verlag C.H. Beck, vormals Langewiesche-Brandt.

Rainer Malkowski (1939-2003)
Traumkorrespondenz. Aus: Rainer Malkowski, Die Gedichte. Mit einem Nachwort von Nico Bleutge. © Wallstein Verlag, Göttingen 2009.

Friederike Mayröcker (geb. 1924)
mein Auge geht auf eine stille Reise*. Aus: Friederike Mayröcker, Liebesgedichte. Ausgewählt und mit einem Nachwort von Ulla Berkéwicz. © dieser Ausgabe Insel Verlag Frankfurt am Main und Leipzig 2006.
wie ich dich nenne wenn ich an dich denke und du nicht da bist. Aus: Friederike Mayröcker, Gesammelte Gedichte 1939-2003. Herausgegeben von Marcel Beyer. © Suhrkamp Verlag Frankfurt am Main 2004.

Selma Meerbaum-Eisinger (1924-1942)
Schlaflied für dich. Aus: Selma Meerbaum-Eisinger, Ich bin in Sehnsucht eingehüllt. Gedichte eines jüdischen Mädchens an seinen Freund. Herausgegeben und eingeleitet von Jürgen Serke. Copyright © 1980 by Hoffmann und Campe, Hamburg.

Christian Morgenstern (1871-1914)
Hier im Wald mit dir zu liegen*. Aus: Christian Morgenstern, Werke und Briefe, Band I: Lyrik 1887-1905. Herausgegeben von Martin Kiessig. Urachhaus, Stuttgart 1988.

Eduard Mörike (1804-1875)
Begegnung; Erstes Liebeslied eines Mädchens. Aus: Sämtliche Gedichte in einem Band. Herausgegeben von Bernhard Zeller, Insel Verlag Frankfurt am Main und Leipzig 2001.

Valžyna Mort (geb. 1981)
dein körper*. Aus: Valžyna Mort, Tränenfabrik. Gedichte. Aus dem Weißrussischen von Katharina Narbutovič. © der deutschen Ausgabe Suhrkamp Verlag Frankfurt am Main 2009.

Pablo Neruda (1904-1973)
Deine Füße. Aus: Pablo Neruda, Das lyrische Werk. Herausgegeben von Karsten Garscha. Übersetzt von Fritz Vogelsang. © by Fundacíon Pablo

Neruda. © Luchterhand Literaturverlag, München, in der Verlagsgruppe Random House GmbH.

Helga M. Novak (1935-2013)
seitdem du da bist. Aus: Helga M. Novak, solange noch Liebesbriefe eintreffen. Gesammelte Gedichte. Herausgegeben von Rita Jorek. © Schöffling & Co. Verlagsbuchhandlung GmbH, Frankfurt am Main 1997, 1999, 2005, 2008.

Ono No Komachi (Mitte des 9. Jh.s)
Als ich an ihn dachte. Aus: Michael Korth (Hg.), Schöner Jüngling mich lüstet Dein. Liebesgedichte von Frauen: Ein Wegweiser durch den Irrgarten der Liebe von Sappho bis Gioconda Belli. Eichborn AG, Frankfurt am Main 1988. Aus dem Japanischen von Klabund.

Dirk von Petersdorff (geb. 1966)
Fang auf. Aus: Frankfurter Allgemeine Zeitung. © Dirk von Petersdorff. Abdruck mit freundlicher Genehmigung.

Rainer Maria Rilke (1875-1926)
Das war der Tag; Die Liebenden; Liebesanfang; Liebes-Lied. Aus: Rainer Maria Rilke, Die Gedichte. Insel Verlag Frankfurt am Main und Leipzig 2006.

Joachim Ringelnatz (1883-1934)
An M.; Ich habe dich so lieb; Ich habe gebangt um dich. Aus: Joachim Ringelnatz, Warten auf den Bumerang. Gedichte. Ausgewählt und illustriert von Robert Gernhardt. © Insel Verlag Frankfurt am Main und Leipzig 2005.
Privat-Telegramm. Aus: Joachim Ringelnatz, Liebesgedichte. Ausgewählt von Günter Stolzenberger. © Insel Verlag Frankfurt am Main und Leipzig 2005.

Peter Rühmkorf (1929-2008)
Wollte nur mal fragen. Aus: Peter Rühmkorf, Wenn – aber dann. Vorletzte Gedichte. Copyright © 1999 Rowohlt Verlag GmbH, Reinbek bei Hamburg.

Sappho (ca. 600 v. Chr.)
Eros löst meine Glieder*. Aus: Sappho. Liebesgedichte. Ausgewählt von Marion Giebel. Ins Deutsche übertragen von Joachim Schickel. Insel Verlag Frankfurt am Main und Leipzig 2007.

Friedrich Schiller (1759-1805)
Nicht ihres Lächelns holder Zauber wars*. Aus: Friedrich Schiller, Die Braut von Messina. In: Werke und Briefe in zwölf Bänden. Band 5: Dramen IV. Herausgegeben von Matthias Luserke. Deutscher Klassiker Verlag Frankfurt am Main 1996.

Kurt Schwitters (1887-1948)
Schnuppe. Aus: Kurt Schwitters, Das gesamte lyrische Werk. © 1973 by DuMont Buchverlag Köln.

Anne Sexton (1928-1974)
Aus dem Garten. Aus: Anne Sexton, Alle meine Lieben. Lebe oder stirb. Gedichte. Zweisprachige Ausgabe. Herausgegeben und mit einem Vorwort versehen von Elisabeth Bronfen. © 1981 by Linda Gray Sexton and Loring Conan, Jr., executors of the will of Anne Sexton. Aus dem Amerikanischen von Silvia Morawetz. © S. Fischer Verlag GmbH, Frankfurt am Main 1996.

Steinmar (zweite Hälfte des 13. Jh.s)
Bettspiel im Heu. Aus: Minnesang. Mittelhochdeutsche Texte mit Übertragungen und Anmerkungen. Herausgegeben, übersetzt und mit einem Anhang versehen von Helmut Brackert. © S. Fischer Verlag, Frankfurt am Main 1983.

Theodor Storm (1817-1888)
Abends; Ich bin mir meiner Seele. Aus: Theodor Storm, Gesammelte Werke in sechs Bänden. Herausgegeben von Gottfried Honnefelder. Band 1: Gedichte. Insel Verlag Frankfurt am Main 1983.

Eva Strittmatter (1930-2011)
Atem. Aus: Eva Strittmatter, Sämtliche Gedichte. Aufbau Verlag, 2006 (Das Gedicht erschien erstmals 1988 in Eva Strittmatters Gedichtband »Atem« im Aufbau Verlag). © Aufbau Verlag GmbH & Co. KG Berlin 1988, 2006.

Große Nächte. Aus: Eva Strittmatter, Sämtliche Gedichte. Aufbau Verlag, 2006 (Das Gedicht erschien erstmals 1973 in Eva Strittmatters Gedichtband »Ich mach ein Lied aus Stille«). © Aufbau Verlag GmbH & Co. KG Berlin 1973, 2008.
Mondrose. Aus: Eva Strittmatter, Sämtliche Gedichte. Aufbau Verlag, 2006 (Das Gedicht erschien erstmals 1977 in Eva Strittmatters Gedichtband »Die eine Rose überwältigt alles« im Aufbau Verlag). © Aufbau Verlag GmbH & Co. KG Berlin 1977, 2006.

Wisława Szymborska (1923-2012)
Glückliche Liebe. Aus: Wisława Szymborska, Glückliche Liebe und andere Gedichte. Aus dem Polnischen von Renate Schmidgall und Karl Dedecius. Mit einer Nachbemerkung von Adam Zagajewski. © der deutschen Übersetzung Suhrkamp Verlag Berlin 2012.
Liebe auf den ersten Blick. Aus: Wisława Szymborska, Die Gedichte. Übertragen von Karl Dedecius. © der deutschen Übersetzung Suhrkamp Verlag Frankfurt am Main 1997.

Kate Tempest (geb. 1985)
Scheiß auf das Gedicht. Aus: Kate Tempest, Hold Your Own. Gedichte. Englisch und deutsch. Übersetzt von Johanna Wange. © Kate Tempest 2014. © der deutschen Ausgabe Suhrkamp Verlag Berlin 2016.

Hans-Ulrich Treichel (geb. 1952)
Stummes Liebeslied. Aus: Hans-Ulrich Treichel, Seit Tagen kein Wunder. Gedichte. © Suhrkamp Verlag Frankfurt am Main 1990.

Kurt Tucholsky (1890-1935)
Sie schläft. Aus: Kurt Tucholsky, Gedichte in einem Band. Herausgegeben von Ute Maack und Andrea Spingel. Insel Verlag Frankfurt am Main und Leipzig 2006.

Ludwig Uhland (1787-1862)
Hans und Grete. Aus: Ludwig Uhland, Gedichte. Herausgegeben von Hans-Rüdiger Schwab. Insel Verlag Frankfurt am Main 1987.

Idea Vilariño (1920-2009)
Weißt du. Aus: Idea Vilariño, An Liebe. Aus dem Spanischen von Erich Hackl und Peter Schultze-Kraft. © Suhrkamp Verlag Berlin 2005.

François Villon (1431-1463)
Eine verliebte Ballade für ein Mädchen namens Yssabeau. Aus: Die lasterhaften Balladen und Lieder des François Villon. Nachdichtung von Paul Zech. Deutscher Taschenbuch Verlag, München 1995. © Paul Zech-Rechtsnachfolger.

William Carlos Williams (1883-1963)
Liebeslied; Sanfte Entgegnung. Aus dem Amerikanischen von Hans Jürgen Balmes. Aus: William Carlos Williams, Liebesgedichte. Ausgewählt von Michael Krüger. © Insel Verlag Frankfurt am Main und Leipzig 2008.
Nur damit du Bescheid weißt. Aus: William Carlos Williams, Die Worte, die Worte, die Worte. Amerikanisch und deutsch. Herausgegeben und übersetzt von Hans Magnus Enzensberger. © Suhrkamp Verlag Frankfurt am Main 1962.

* Alle mit einem Stern gekennzeichneten Titel stammen von der Herausgeberin.

Alphabetisches Verzeichnis der Gedichtanfänge und Überschriften

Abend im März. Glückselige Musik 32
Abends 63
Als ich an ihn dachte 117
Als ich nachher von dir ging 105
An M. 166
Anständiges Sonett 96
Atem 80
Auf der rechten Seite 110
Aus dem Garten 67
Aus seinen steinblauen Augen 34

Begegnung 107
Beide sind überzeugt 20
Besänftigung 34
Bettspiel im Heu 106
Bittgedanke, dir zu Füßen 163

Charlotte hatte ihrem Arzt gesagt 99

Da du die Zeitung liest 159
Das elfte Gebot 164
Das hab ich nie mehr gewollt 45
Das war der Tag 116
Das war der Tag der weißen Chrysanthemen 116
Dat du min Leevsten büst 88
Dein Herz ist wie die Nacht so hell 87
dein körper 83
dein körper ist so weiß 83
Deine Füße 72
Deine Seele, die die meine liebet 132
Der blaue Himmel ist nur halb so blau 139
Der, den ich liebe 127
Der du meine Wege mit mir gehst 166
Der Liebe wird alles wichtig und lieb 158
Der Mittag liegt mit mir im Gras 57
Die gelben Lilien und die lilanen Lupinen 82
Die gute Diät 99
Die Herzensfrau 57
Die Liebe 146
Die Liebe hemmet nichts; sie kennt nicht Tür noch Riegel 146
Die Liebenden 141
Die Luft ist voll von deinem Duft 85
Die Nacht im Postwagen 26
Die Welt ist dumm 54
Dieses kleine Lächeln der Cellistin 153
Du gefällst mir so gut 39
Du sollst 164
Du weißt zur stunde ihn an fernem ort 44

Ein alter Tibetteppich 132
Ein Bursche lag heimlich 106
Ein Liebeslied 79
Eine verliebte Ballade für ein Mädchen namens Yssabeau 42
Einschlaf- und Aufwachelied 121

Eros löst meine Glieder 91
Erstes Liebeslied eines Mädchens 92
Es ist Unsinn 145
Es kommt die Nacht 81
Es schlug mein Herz, geschwind zu Pferde! 27
Es sprach die Sonne 31
Eu Regen Schnee Gewitter Hagelschlangen 102

Fang auf 15
Fast 32
Feg das Haus rein 68
Freudvoll und leidvoll 149

Gestern liebt' ich 148
Glückliche Liebe 129
Große Nächte 82
Guckst du mir denn immer nach 18

Haltet die Uhren an, durchschneidet die Kabel der Telefone 165
Hans und Grete 18
Hast du die Lippen mir wund geküßt 64
Heimlich zur Nacht 84
Herz, mein Herz, warum so fröhlich 29
Hier im Wald mit dir zu liegen 56
Himmlisch wars, wenn ich bezwang 98

Ich bin mir meiner Seele 147
Ich bin so wild nach deinem Erdbeermund 42
Ich frage mich in meinen stillen Stunden 154
Ich hab im Traum geweinet 119
Ich habe dich gewählt 84
Ich habe dich so lieb 128
Ich habe die Pflaumen 112
Ich habe gebangt um dich 162
Ich halte ihr die Augen zu 51
Ich hüte deinen Herzschlag 46
ich liege bei dir, deine arme 109
Ich muß mein Herz üben! 30
Ich schreib dir einen Liebesbrief 39
Ich und Du *(F. Hebbel)* 118
Ich und Du *(M. Kaléko)* 131
Ich und Du wir waren ein Paar 131
Ich will mit dem gehen, den ich liebe 142
Im Bad 74
Im Erlenschatten, Liebste 69
Im wunderschönen Monat Mai 41
Irrtum 152
Ist denn kein Wort in meiner Sprache 33

Jenny hat mich heut' geküßt 53
Jenny küßte mich, als ich sie traf! 53

Komm 70
Komm beiß dich fest ich halte nichts 96
Komm in mein Zimmer, wenn Mondlicht ist 73
Komm, leg die Welt aus mit dir 70
Komm, mein Geliebter 67

Komm zu mir, dann wieg' ich dich 62
Komm zu mir in der Nacht – wir schlafen engverschlungen 79
Kumm du um Middernacht 88

Laß uns wie die Tiere sein 94
Liebe auf den ersten Blick 20
Liebesanfang 17
Liebes-Lied *(R. M. Rilke)* 36
Liebeslied *(Th. Brasch)* 93
Liebeslied *(W. C. Williams)* 68
Liebeswunsch 46
Lied aus dem Spanischen 148
liegen, bei dir 109

Mag sein 157
mein Auge geht auf eine stille Reise 108
Mein Geschlecht zittert 95
Mein Lächeln 16
Mein Lächeln ist das, was ich hab 16
Meine Ruh' ist hin 47
Meine süße Puppe 55
meine Walderdbeere 136
Mir träumte 115
Mondrose 73
Morgens und abends zu lesen 127
Morgens, vom letzten Schlaf ein Stück 120
Muschemusch 31
Mutter, löse die Spangen mir 25

Neue Liebe 29
Nicht ihres Lächelns holder Zauber wars 60
Nie mehr 45
Nur damit du Bescheid weißt 112

O Lächeln, erstes Lächeln, unser Lächeln 17
O mein Liebster 74
O, wie ist das schön 93

Paris, 1. Mai 1977 22
Privat-Telegramm 133
Quasi ein Mahnbrief 134
Ruf- und Fluchformel 102

Sanfte Entgegnung 71
Scheiß auf das Gedicht 100
Schilt mich nicht, du strenger Meister 19
Schlaf ein, mein Lieb, sonst ist die Nacht 121
Schlaflied für dich 62
Schnuppe 55
seitdem du da bist 138
Seit Ewigkeiten stockt mein Schreiben 100
Seit heute, aber für immer 35
sich an den händen fassen 22
Sie schläft 120
sie wird aufstehen 52
Sieh jene Kraniche in großem Bogen! 150
Sieh, wie sie zueinander erwachsen 141
So 110
Sonett in Dur 154
Spätes Fragment 167
Spätsommer 159
Stirb früher als ich, um ein weniges 163
Stummes Liebeslied 94

Terzinen über die Liebe 150
Traumkorrespondenz 115

Um diese Jahreszeit möchte ich 71
Und – hast du bekommen, was 167
Und mit der Liebe sprach er ists 152
Und wenn sie wieder fragen »Was heißt für Sie Glück?« 101
Unpolitische Vorlieben 153
Unsere Kasse darf leer sein 133
Unter dem Nieselgrau, dem Kapuzenpullover 15
Unverschämtheit 101

Verehrter Herr! Jetzt wird's zu monoton 134
Verliebt (I) 19
Verliebt (II) 25
Vom Altern 158
Von weit 87

Warum duften die Levkojen so viel schöner bei der Nacht? 63
Was doch heut nacht ein Sturm gewesen 107
Was es ist 145
Was im Netze? Schau einmal! 92
Weil ich dich liebe 78
Weil ich dich liebe, bin ich des Nachts 78
Weißt du 111
Wenn ich dein Gesicht nicht betrachten kann 72
Wenn ich dereinst 160
Wenn wir bleiben könnten 58
Wer ist der Herr 161
Wieder einmal ist Juni geworden 80
wie der saft einer sehr süßen frucht 61
Wie ich dich liebe? 125
wie ich dich nenne wenn ich an dich denke und du nicht da bist: 136
Wie soll ich meine Seele halten, daß 36
Wilde Nächte 77
Willkomm und Abschied 27
Wir fuhren allein im dunkeln 26
Wir träumten voneinander 118
Wir wohnen 126
Wo hast du all die Schönheit hergenommen 86
Wollte nur mal fragen 97
Wort an Wort 126

Zärtliche Epistel 139
Zärtliche Nacht 81
Zwei Tische weiter 161

Geschichten mit Herzklopfen

Dass zwei sich ineinander verlieben, ist die älteste Geschichte der Welt. Doch für die beiden, denen es gerade passiert, wird die Welt mit einem Mal ganz neu, die Liebe ist für sie ein kleines, ein großes Wunder, ein Entzücken und der Beginn einer neuen, unerhörten Geschichte: ihrer Geschichte.
Liebende wissen, dass ihre Liebesgeschichte, jede Liebesgeschichte einzigartig und unvergleichlich ist. Und doch findet man manchmal in den Erzählungen anderer das wieder, was die Liebe mit uns anstellt: wie sie uns glückstrunken in Aufruhr versetzt, mit Sehnsucht erfüllt und fast verrückt macht vor Verlangen … So wie in den hier versammelten zarten und übermütigen Geschichten von Isabel Allende, Paul Auster, Lily Brett, Italo Calvino, F. Scott Fitzgerald, Anna Gavalda, Elke Heidenreich, Wolfgang Herrndorf, Haruki Murakami, Franka Potente, Mario Vargas Llosa, Roger Willemsen und vielen anderen.

Geschichten zum Verlieben. Ausgewählt von Clara Paul. insel taschenbuch 4558. 255 Seiten

NF 373/1/2.17

»Zupf dir ein Wölkchen aus dem Wolkenweiß …«

Es gibt Gedichte, die einen nicht mehr loslassen und über die Jahre begleiten oder plötzlich wieder aus der Erinnerung aufsteigen und einen mit Sehnsucht anstecken – viele von ihnen sind hier versammelt: die Gedichte, auf die man nicht mehr verzichten möchte, und die, auf die man nach dem ersten Lesen einfach nicht mehr verzichten kann:
Gedichte, deren Lebenslust und Fröhlichkeit sich unmittelbar auf einen übertragen; übermütige, verspielte Liebeserklärungen an das Leben und die Welt; zärtliche, traurig-schöne Gedichte, die versonnen der Erinnerung an den unwiederbringlichen Augenblick hingegeben sind; beglückend-tröstliche Gedichte, die man vor sich hinflüstert, wenn man der Ermutigung bedarf; Gedichte, denen ein Zauber innewohnt, »der uns beschützt und der uns hilft zu leben«.
Mit Gedichten von Ilse Aichinger, Rose Ausländer, Elisabeth Borchers, Bertolt Brecht, Mascha Kaléko, Rainer Maria Rilke, Joachim Ringelnatz, Peter Rühmkorf, Eva Strittmatter, Kurt Tucholsky und vielen anderen.

Gedichte, die glücklich machen. Ausgewählt von Clara Paul. insel taschenbuch 4297. 187 Seiten

NF 231/1/09.14

Geschichten,
die Glücksgefühle auslösen

Was macht uns glücklich? Glücklich macht, wenn wir der schlechten Laune ein Schnippchen schlagen, dem Trübsinn die lange Nase zeigen oder ein Unglück abwenden konnten. Wenn wir plötzlich der Liebe begegnen – und die Liebe bleibt. Wenn Freunde Freunde sind, wenn man sie am nötigsten hat. Wenn Wildfremde einem lächelnd helfen. Wenn man für Augenblicke in seine Kindheit und Jugend zurückkehren kann. Wenn auf einmal so ein Tag ist, an dem man die ganze Welt umarmen könnte. Wenn das Wunder dann doch passiert ...
Genau hiervon – von den schönsten Momenten des Glücks – erzählen in diesen Geschichten: Isabel Allende, Elizabeth von Arnim, Jurek Becker, Peter Bichsel, Lily Brett, Eva Demski, Max Frisch, Robert Gernhardt, Hermann Hesse, Alexander Kluge, Cees Nooteboom, Amos Oz, Daniel Picouly und viele andere.

Geschichten, die glücklich machen. Ausgewählt von Clara Paul. insel taschenbuch 4296. 255 Seiten

NF 230/1/09.14